BEGEGNUNG MIT DEM HORIZONT

ISLAND

Schon jetzt versprach Einar seiner Lillemor, ihr alle Schönheit Islands zu zeigen – vom Pferderücken aus, das verstand sich von selbst –, die Schönheit eines Landes, umgeben von der Weite des stahlgrauen Meeres, umweht von einer herben, klaren Luft, die alle Farben frischer und stärker als anderwärts hervortreten ließ, die gewaltigen, jähen Stürze, die vulkanischen Kuppeln und Kegel, die hoch hinaufragten in das Himmelsblau, in das Reich der Wolken, die Eisgipfel und Felsblöcke, hinter denen die Trolle und Erdgeister lebten.

Hugo Kocher: Gryla, das Islandpony

Das von den vielen Wasserarmen der Krossá durchzogene Tal Þórsmörk ist ein beliebtes Wandergebiet.

Die Herðubreið (1682 m), Islands berühmtester Tafelberg, entstand bei einem Vulkanausbruch unter einem Gletscher.

Der Große Geysir im Heißwasserquellengebiet Haukadalur – Namensgeber aller heißen Springquellen weltweit.

BEGEGNUNG MIT DEM HORIZONT

ISLAND

Fotos Hubert Stadler
Text Hans Joachim Kürtz
Gudrun M. H. Kloes

Bucher

INHALT

FEUER, EIS UND EINSAMKEIT 14
Hans Joachim Kürtz

Frauen-Power im hohen Norden 18
Wikinger – die ersten Isländer 23
Das älteste Parlament der Welt 27
Die Sagas – Islands spannende Geschichtsbücher 28
Die ländliche Weltstadt 30
Fisch, Fisch und nochmals Fisch 35
Von Sturzfluten und Gletschersprüngen 36
Goldener Wasserfall und Blaue Lagune 41
Pluto ist allgegenwärtig 43
Das Höllenfeuer aus der Tiefe: Vulkanismus auf Island 48
Sintfluten aus dem Eis 51
Die unsichtbaren Nachbarn: Elfen, Trolle und Gnome 52
Die Inseln des Trollweibes 54
Paradies Vinland: Leifur Eiríksson entdeckt Amerika 58

Seite 1: Beim Schafabtrieb in Skandarskali. – Links: Im Árbær-Freilicht-museum. – Mitte: Rast vor dem Gigjökull, einer Gletscherzunge des Eyja-fjallaјökull im Süden Islands. – Rechts: In den Westfjorden.

Bizarre Lavafelsen und ewiges Eis, unbewohntes Hochland und tosende Brandung an steilen Klippen: Die Vulkaninsel Island fasziniert durch ihre abwechslungsreiche, großartige Natur.

REISEN IN ISLAND 62

Gudrun M. H. Kloes

Daten · Fakten · Zahlen 62

Karte: Geologische Lage 62

Karte von Island 63

Maße und Zahlen auf einen Blick 64

Phantasievoll und traditionsbewußt: Die isländische Sprache 66

Daten der isländischen Geschichte 66

Auskunft · Anreise 67

Reisen in Island 67

Reisezeit und Kleidung · Gesundheit 68

Übernachtung · Essen und Trinken 68

Sportliche Aktivitäten 69

Weglos durch unberührte Natur: Wandern in Island 70

Souvenirs · Literaturtips 71

Sehenswerte Orte von A bis Z 71

Mutig wie die Wikinger: Islandpferde 73

Karte: Þórsmörk/Landmannalaugar 74

Karte: Mývatn 75

Stadtplan von Reykjavík 76

Ausflüge 79

Heiß baden unter Gletschern 79

Zur schnellen Orientierung – Stichwortverzeichnis 87

Ein großes Ereignis im Herbst: die «réttir», das Sortieren der Schafe nach dem Abtrieb aus dem Hochland.

Südlich von Landmannalaugar, den »heißen Quellen der Leute von Landsveit« in der Lavawüste, wird die Landschaft allmählich grüner und freundlicher.

FEUER, EIS UND EINSAMKEIT

Für Islands Küche und Wirtschaft gleichermaßen bedeutend: der Fischer, der in den rauhen Gewässern rund um die Insel sein Brot verdient.

Zur einen Hälfte ein Stück Europa – zur anderen ein Zipfel von Amerika: Für die Geologen gehört die Insel am Rand der Arktis zu beiden Kontinenten. Denn dieses Island ist ein eigenwilliges Stück Erde, eine nachträgliche Zugabe zum Schöpfungsakt, die Gottvater obendrauf legte, als er die Kontinente noch einmal neu ordnete. Er packte die Insel mitten in den Weltengraben, mit dem er gerade Amerika von Eurasien getrennt hatte. Der Riß in der Erdkruste durchzieht unübersehbar die schwarzen Lavawüsten Islands mit Schründen und Spalten im geborstenen Gestein, mit brodelnden Schlammpfuhlen, dampffauchenden Schwefelquellen und mit Vulkanen, die das Feuerspeien noch nicht verlernt haben. Statistisch erlebt Island alle fünf Jahre ein Erdfeuer. Selbst draußen vor der Küste zeigen sich die Urgewalten aus den Eingeweiden der Erde.

Anfangs war den Männern auf der «ISLEIFUR II» Schwefelgestank über dem Meer aufgefallen. Wenig später zeigte sich zu den Westmänner-Inseln hin eine Rauchwolke. Doch da brannte kein Schiff, kein SOS kam über den Äther: Die schwarze Wolke mit dem Schwefelbrodem quoll aus dem Wasser und wuchs schnell zum Himmel – Kilometer um Kilometer. Die Fischer auf der «ISLEIFUR II» wurden an diesem Morgen des 19. November 1963 Zeugen der beginnenden Geburt einer neuen Insel, die sich 33 Kilometer vor der Südküste vollzog – in einem höllischen Inferno aus Rauch, Dampf, Asche und aus Lava, die glühend vom 130 Meter tiefen Meeresgrund heraufquoll. Am Ende des zweiten Tages ragte ein plutonisches Eiland schon 30 Meter aus der kochenden See. Als sich nach dreieinhalb Jahren der Höllenschlund schloß, hatte die Insel eine Höhe von 175 Metern. Island war mit Surtsey um 2,5 Quadratkilometer gewachsen.

Der Feuergott hatte es besonders gut mit den Geowissenschaftlern gemeint. Wie in einem riesigen Modellversuch hatte sich die Entstehung Islands im Zeitraffer wiederholt – zum exakten Nachmessen aller Entwicklungsphasen. Auch ganz Island war so wie Surtsey aus der Wasseröde gewachsen, als Auswurf von brodelndem Urbrei, der an dieser Schwachstelle der Erdkruste aus dem Glutkessel des Erdkerns hervordrang. Denn die Insel liegt auf einem der aktivsten «hot spots» («heißer Punkt») des Mittelatlantischen Rückens, einem tief unter dem Meeresspiegel liegenden Gebirgszug, der als eine Zone des verstärkten Vulkanismus den Atlantischen Ozean durchzieht. Und diese Lage direkt auf der Trennfuge zweier Kontinente läßt es geologisch zu beiden gehören – selbst wenn Island als nordwestlichster Vorposten Europas gilt.

Die Geburt aus der Tiefe des Weltmeeres begann erst vor bescheidenen zwanzig Millionen Jahren. Zu der Zeit waren auf dem europäischen Kontinent die Saurier schon lange ausgestorben, und die tropischen

Reykjavík. Die nördlichste Hauptstadt der Welt wirkt in ihrem Zentrum beschaulich, fast ländlich – wären da nicht die gewaltigen, betriebsamen Hafenanlagen.

Sommer in Reykjavík – da kann man getrost den dicken Islandpullover zu Hause lassen. Die Isländer bevölkern dann die Grünflächen der Stadt und genießen jeden Sonnenstrahl.

Wälder wurden allmählich zu Braunkohle. Erdgeschichtlich steckt Island noch in den Kleinkinderschuhen. Und es wächst noch immer – im Jahresmittel um zwei Zentimeter entlang der Ost-West-Achse, um einen Meter in fünfzig Jahren. Dafür sorgt das immer neue Anschweißen von erstarrendem Magma an den Bruchrändern der Erdkruste.

Eines der Cafés in Reykjavíks Innenstadt. Im alten Zentrum der Hauptstadt findet man die wichtigsten Einkaufsstraßen, Behörden, Theater, Galerien sowie zahlreiche Restaurants und Cafés.

Das fortdauernde Wachstum vollzieht sich mitunter ungestüm in dramatischen Inszenierungen. In der Nacht des 23. Januar 1973, zehn Jahre nach der Geburt der Insel Surtsey, wurden auf der Westmänner-Insel Heimaey die 5300 Bewohner unsanft aus dem Schlaf gerissen. Nahe ihrer kleinen Stadt hatte sich die Erde auf anderthalb Kilometer Länge aufgetan. Aus zwei Dutzend Schlünden schossen Feuergarben und Lavafontänen bis zu 300 Meter hoch in den Nachthimmel. Tonnenschwere Glutbomben flogen auf die Häuser, schwarzer Ascheregen legte sich auf die Stadt.

Was dann geschah, war wie ein Wunder: Ein Sturm hatte am Tag zuvor die gesamte Fischfangflotte von Heimaey im Hafen festgehalten. Mit ihrer Hilfe wurden die Menschen im pausenlosen Pendelverkehr unversehrt auf das Festland gebracht – noch ehe der nächste Tag anbrach. Um so verheerender traf es die Stadt. Sie lag unter meterhoher Asche. Feuerwalzen aus Lava begruben Hunderte von Häusern und drohten den Fischereihafen – den Lebensnerv der Insel – zu blockieren. Wochenlang spritzte man mit Hochleistungspumpen aus den USA Meerwasser auf die glühende Flut und brachte sie wirklich in letzter Minute zum Stillstand. Als der Ausbruch nach fünf Monaten endete, hatten sich 230 Millionen Kubikmeter Lava

Typisch für die älteren Stadtteile Reykjavíks zwischen dem See Tjörnin und dem Fischereihafen sind ein- bis zweistöckige Häuser mit bunten Wellblechverkleidungen.

über die Insel ergossen – Heimaey mußte aus 2,5 Millionen Kubikmetern Asche gegraben werden. Vierhundert Gebäude waren zerstört, Hunderte beschädigt. Doch schon ein Jahr später war die Hälfte der Bewohner wieder zurückgekehrt in ihre Stadt, die fast als Pompeji des Nordens geendet hätte. Auch das gehört zur Bilanz: Island war erneut um 2,5 Quadratkilometer gewachsen – durch Lava, die sich ins Meer hinausgeschoben hatte.

Die Jugend Islands zieht es in die Hauptstadt. Reykjavík wächst ununterbrochen und ist heute zusammen mit den Nachbargemeinden Heimat von mehr als der Hälfte der Inselbevölkerung.

Eine Insel im andauernden Zustand der Schöpfung – eine Insel auch des Wirkens gegensätzlicher Gewalten. Nicht nur die Erdengluten modellieren noch unentwegt an ihrem Gesicht. Auch das Eis gibt sich nicht mit der Landschaftsarchitektur zufrieden. Gigantische Gletscher, die ihre Kältepanzer selbst über aktive Vulkane gestülpt haben, verändern mit ihren Schmelzwasser-Sintfluten immer wieder die schwarzen Schotterwüsten der Südostküste, die sogenannten Sander. Hier verlangen die Landkarten nach ständiger Korrektur.

«Dort gibt es gewaltige, grenzenlose Feuer, Frost und Gletscher, siedende Wasser und reißende, eiskalte Ströme», wußte schon um 1250 der Autor des norwegischen «Königsspiegel» von Island zu berichten. Für dessen späten Dichterkollegen Bjarni Þorarensen war die Insel ein «seltsam Gemisch von Frost und Gluten, von Bergen und Wüsten, von Lava und Meer». Halldór Kiljan Laxness schließlich, der große Verkünder isländischer Seelenbefindlichkeit in unserem Jahrhundert, sinnierte über ein Land, «wo Feuer zu Erde, Wasser zu Luft und Luft zu Geist» wird. Ein eigenwilliges Stück vom Erdenrund, mit einer eigenwilligen Geschichte und mit eigenwilligen Menschen.

Fortsetzung Seite 23

FRAUEN-POWER IM HOHEN NORDEN

Der Welt erste Staatspräsidentin

Sie war die erste Frau der Welt, die vom Volk in das höchste Staatsamt gewählt wurde: Vígdis Finnbogadóttir – von 1980 bis 1996 Präsidentin der Republik Island. Ihre Wahl markierte eine entscheidende Etappe auf dem Weg der isländischen Frauen zu mehr politischem Einfluß.

1

Die Präsidentin pflegte ihr charmantestes Lächeln zu zeigen, wenn ausländische Journalisten sie nach der neuen Frauen-Power auf ihrer Insel fragten. «Wären überall mehr Frauen an der Macht», lautete ihre Antwort, «würde das die Welt bestimmt nicht schlimmer machen.» Auf ihrem eigenen Weg zur Macht hatte Vígdis Finnbogadóttir auf das politische Aufbegehren der Isländerinnen gesetzt: Schon 1975 war es den Frauen gelungen, mit einem spektakulären Generalstreik für einen Tag alle Räder stillstehen zu lassen.

Fünfzigjährig, geschieden, mit einer siebenjährigen Adoptivtochter und ohne jeden parteipolitischen Rückhalt hatte sie 1980 als erste weibliche Kandidatin für das höchste Staatsamt knapp über ihre drei männlichen Mitbewerber gesiegt. Ihr Kommentar: «Die Zeit war einfach reif für eine Frau an der Spitze.»

Mit großem persönlichen Einsatz, mit glaubwürdigem Handeln und mit Offenheit für die Probleme aller gewann sie die Anerkennung ihrer Landsleute. Draußen in der Welt stellte sie die beste Botschafterin für ihre kleine Nation dar. Mit Respekt beobachteten selbst Skeptiker ihr Auftreten auf der weltpolitischen Bühne, vor allem als souverän-herzliche Gastgeberin des amerikanisch-sowjetischen Gipfels 1986 in Reykjavík, bei dem die Tür zur Entspannungspolitik zwischen den Machtblöcken geöffnet wurde.

Vígdis war eine Bürgerpräsidentin. Einmal in der Woche stand ihr Amtssitz für alle offen, die ihre Sorgen abladen wollten. Häufig war sie bei ihren Landsleuten draußen – immer mit jungen Birken im Kofferraum. Gemeinsam mit den Kindern vor Ort pflanzte sie bei ihren Visiten stets symbolisch drei Bäume für die kommenden Generationen – je einen für die Mädchen und für die Jungen von heute, einen dritten für die noch Ungeborenen. Damit wollte sie zu neuem Umgang mit der Natur Anstoß geben.

Ihr zweites großes Anliegen war die Bewahrung der isländischen Sprache, die sich seit den Tagen der ersten Siedler kaum verändert hat und damit die älteste lebende Sprache in Europa ist. Heute droht ihr Gefahr durch die fremdsprachigen Satellitenprogramme aus aller Herren Länder, die selbst noch den letzten Einödhof erreichen. «Was uns 250 000 Isländer als kleine, eigene Nation bisher bestehen ließ, war unsere alte Sprache, unsere Erinnerung an die Vergangenheit und die Geographie unserer kleinen, abgelegenen Insel hoch oben im Nordatlantik. Die Sprache ist der Schlüssel zur weiteren Bewahrung unserer Selbständigkeit», lautet ihr Bekenntnis.

Der große Erfolg der Staatspräsidentin gab dem politischen Kampf für die Gleichberechtigung der Frauen in Island enormen Auftrieb. Die 1983 gegründete Frauenliste schaffte noch im selben Jahr den Sprung ins Parlament. Das scheint den etablierten Parteien einen gehörigen Schrecken versetzt zu haben, denn sie setzten nun ebenfalls Frauen auf ihre Wahllisten – mit der Folge, daß heute ein Viertel der isländischen Parlamentsabgeordneten Frauen sind.

Nach 16 Jahren als erste Frau im Staat verzichtete Vígdis Finnbogadóttir auf eine weitere Kandidatur. Dennoch scheint es, als setze sich die Frauen-Power in der isländischen Politik fort – mit Guðrún Petursdóttir und Guðrun Agnasdóttir standen am 29. Juni 1996 immerhin zwei Kandidatinnen für das höchste Staatsamt zur Wahl – neben drei männlichen Bewerbern.

Hans Joachim Kürtz

3

2

1 *Vígdis Finnbogadóttir mit Tochter nach ihrem ersten Amtsjahr (1981).* – 2 *Der präsidiale Amtssitz in der Hauptstadt.* – 3 *Die Staatspräsidentin 1995 in Reykjavík.*

Die von 1945 bis 1986 erbaute Hallgrímskirche gilt als Wahrzeichen Reykjavíks. Sie wurde dem größten religiösen Dichter des Landes, Hallgrímur Pétursson (1614–1674), gewidmet; ihr Äußeres soll an die auf Island häufigen Basaltformationen erinnern.

Die »Blaue Lagune« auf der Halbinsel Reykjanes ist wegen ihres warmen heilkräftigen Wassers ein beliebtes Ausflugsziel.

Im Thermalgebiet Krísuvík findet man zahlreiche heiße Quellen, deren Wasserdampf sich in kalten Nächten auf den umliegenden Wiesen niederschlägt und diese in eine eisige Mondlandschaft verwandelt.

WIKINGER – DIE ERSTEN ISLÄNDER

Fríðrik Skulason hat sich um seine Landsleute verdient gemacht: Er entwickelte ein Computerprogramm, mit dem jedermann nach seinen Ahnen fahnden kann – bis zurück zu den legendären Stammvätern der Nation aus der Zeit der ersten Siedler. Die Vorvätersuche zählt zu den nationalen Leidenschaften der nur 267 000 Isländer, von denen fast jeder mit jedem irgendeinen Vorfahren in irgendeiner Generation teilt. Nicht wenige Isländer können ihre Ahnenreihe bis zum großen Volkshelden Snorri Sturluson nachweisen, aus dessen Federkiel die ‹Jüngere Edda› stammt. Snorri starb 1241. Andere Isländer wissen gar um ihre Vorfahren zurück bis zu Ari dem Gelehrten, der bis 1148 lebte. Er beschrieb in seinem ‹Isländerbuch› die Geschichte der Insel von ihren ersten Anfängen an. Das Buch wurde zur ‹Bibel› für den einzigartigen Vorgang der Besiedlung – zusammen mit dem ‹Landnahmebuch› von etwa 1280, einem Kompendium mit den Stammtafeln und Niederlassungsorten der ersten vierhundert Einwanderer aus Skandinavien, die zwischen 874 und 930 die Insel unter sich aufteilten.

Die Urväter der Isländer waren die ebenso legendären wie verrufenen Wikinger: Mit ihren Blitzüberfällen hatten sie das mittelalterliche Europa in Angst und Schrecken versetzt. ‹A furore Normannorum liberare nos, domine›, beteten die Mönche entlang der Küsten, wenn die Drachenkopf-Boote gesichtet wurden – ‹Bewahre uns, Herr, vor dem Schrecken der Normannen!› Denn die nordischen Barbaren verschonten auch die Diener Gottes nicht, wenn sie mordend und plündernd fremde Länder heimsuchten. Doch nach Island waren die Wikinger nicht als Schlagetots gekommen. Wen auch hätten sie hier bekriegen sollen? Die Insel war menschenleer, als sie nach der Mitte des 9. Jahrhunderts als Siedler an Land stiegen – bis auf wenige ‹papar›, wie das ‹Isländerbuch› berichtet. Diese Papen waren weltflüchtige irische Eremiten, die hier die gottgefällige Einsamkeit gefunden hatten. Von dieser Feuerinsel im nördlichen Meer hatte die keltische Kirche schon im 7. Jahrhundert gewußt – die Legende von den Seereisen des heiligen Brendan beschreibt die fremde Küste, wo garstige Teufel riesige Feuer geschürt und glühende Brocken nach dem Schiff geschleudert hatten. ‹Wisset wohl, ihr tapferen Streiter Gottes›, hatte Brendan seinen Mannen zugerufen, ‹ihr seid den Toren der Hölle nahe!› Diese Hölle war Island, wo gerade wieder einmal ein Vulkan sein Feuer spuckte.

Die Kunde von dem herrenlosen Land am ‹trutzigen Ende der Welt› hatten die beiden von Stürmen nach Island verschlagenen Wikinger Naddoður und Garðar

Auch im isländischen Hochland verkehren Linienbusse, die auf ihrer Route souverän so manche Furt durch die Flüsse bewältigen.

Mindestens ebenso wichtig wie ein gutes Rad sind für den Mountainbiker auf Island Ausdauer, Umsicht, Erfahrung und Improvisationsgeschick.

Auf vielen Pisten der Insel sind allradgetriebene Fahrzeuge unerläßlich.

Die in schillernden Farben leuchtenden Rhyolithberge rund um Landmannalaugar verlocken zu zahlreichen Wanderungen.

Im zentralen Hochland nordöstlich von Landmannalaugar erstreckt sich das Gebiet der Veiðivötn, eine Fluß- und Seenlandschaft, umgeben von moos- und grasbewachsenen Lavafeldern.

Svavarsson um 861 nach Norwegen heimgebracht. Das ließ Flóki Vilgerðarson mit seiner ganzen Habe nordwärts segeln. Für die «Navigation» hatte er drei heilige Raben an Bord genommen. Raben-Flóki siedelte sich im Nordwesten Islands an. Aber über dem Fischreichtum vor seiner Haustür vergaß er die Heuernte – sein Vieh starb dahin, als Treibeis die Fjorde füllte. Frustriert berichtete er nach seiner erzwungenen Rückkehr nur Abfälliges über das unwirtliche «Eis-Land». Die Insel hatte damit ihren Namen: Island. Einer von Flókis Leuten aber rühmte ihre Wiesen, «wo die Butter von jedem Grashalm troff». Ihm glaubte man mehr: Eine Welle von Auswanderern verließ nach 870 Norwegen – zur großen Landnahme auf Island.

Unzählige solcher kleinen Wasserfälle sprudeln an der Stirnkante eines Lavastroms hervor und stürzen in den reißenden Fluß Hvítá. Sie bilden die Hraunfossar, die «Lavawasserfälle».

Denn daheim hatte Gaukönig Harald wahrgemacht, was er seiner politisch ehrgeizigen Braut gelobt hatte: sein Haar weder zu schneiden noch zu kämmen, solange er nicht die dreißig norwegischen Kleinkönige unter seine Herrschaft gezwungen habe. Zwölf Jahre später konnte Harald Schere und Kamm wieder zur Hand nehmen und sich fortan «Schönhaar» nennen: Das norwegische Gesamtreich war 872 Wirklichkeit geworden. Doch in die wikingischen Dickschädel wollte es nicht hinein, daß sie nun als Untertanen einem König Tribut zahlen sollten. Das ließ die trotzigen Bauernfürsten scharenweise übers Meer westwärts ziehen, wo die «neue Welt» Freiheit verhieß – so jedenfalls die altisländischen Historienschreiber. Doch viele brachen nur zu den neuen Ufern auf, weil die einsetzende Überbevölkerung in der engen Fjordlandschaft Norwegens das Weideland knapp werden ließ. Hundert Jahre später war es auch auf Island schon wieder zu eng geworden. Dutzende von Bauern setzten nach Grönland über, das der legendäre Eirikur Rauda (Erik der Rote) 982 als Siedlungsland ausgemacht hatte.

Auch waren es keineswegs nur die freiheitsdürstenden Edelsten gewesen, die Norwegen verlassen hatten. Glücksritter und Abenteurer befanden sich unter den Auswanderern, Tunichtgute und Geächtete – Ingólfur, den späteren ersten Isländer, hatte man wegen Totschlags des Landes verwiesen. Auch viele Kelten aus Irland und von den Hebriden kamen mit den norwegischen Landnehmern, als deren Sklaven oder Ehefrauen. So fließt in den Adern der Isländer auch ein guter Schuß keltischen Blutes – man hat ihn bei Blutgruppen-Vergleichen eindeutig nachgewiesen.

DAS ÄLTESTE PARLAMENT DER WELT

«Ingólfur Arnarson wurde der berühmteste aller Landnehmer, denn er kam als erster in unbebautes Land und bebaute es als erster», notierte 250 Jahre nach Ingolfs Landung der Autor des «Landnahmebuches» auf sein Kalbfell-Pergament. 1976 gruben Archäologen im Herzen von Reykjavík eine Feuerstelle und eine Wikingeraxt aus, die sie auf die Zeit kurz vor dem Jahr 900 datierten. Das bestätigte die Zeitangaben des «Isländerbuches», nach denen Ingolf als der erste seßhafte Siedler 874 auf der Insel landete. Dieses Jahr gilt als das legendäre Jahr Null der isländischen Geschichte. Gott Odin selbst, der Stammvater der Asen im germanischen Götterhimmel, hatte Ingolf den Wohnsitz zugewiesen: an der Faxa-Bucht, wo sich heute Reykjavík ausbreitet.

Dorthin hatte Odin die Pfosten des Hochsitzes treiben lassen, die der Norweger bei der Annäherung an die neue Insel ins Meer geworfen hatte. Keine andere Hauptstadt kann sich wie Reykjavík rühmen, daß sie ihren Platz auf der Landkarte den Göttern verdankt.

Anfangs hatten sich die Siedler in Kultgemeinden um angesehene Großbauern gesammelt, die aus ihrer alten Heimat die Götterbilder und Opferhäuser mitgebracht hatten. Diese «Goden» wurden auch als Bezirkshäuptlinge anerkannt. Doch das hinderte die normannischen Dickschädel nicht, sich ihr vermeintliches Recht auch selbst zu verschaffen – notfalls mit der Streitaxt. Die Sagas sind voll von Berichten über blutige Nachbarschaftsfehden. Mit der wachsenden Zahl von Siedlern aber mußte Recht gesprochen werden –

Relikt aus alten Zeiten – im Meer und in den Binnengewässern Islands werden auch heute noch edle Fische wie Lachs, Forelle, Saibling, Meeressaibling und Aal geangelt – heute allerdings von moderneren Gefährten aus.

nach Germanenbrauch auf Thingversammlungen. So wurden die Kultgemeinden zu Thinggemeinschaften. Doch bald brauchte man eine für alle verbindliche Ordnung. 930 trat erstmals ein «Althing» für die ganze Insel zusammen. Diese alljährlich stattfindende Versammlung wurde geleitet vom Gesetzessprecher, der die zunächst nur mündlich überlieferten Gesetze aus dem Gedächtnis vortrug. Daraufhin wurde Recht gesprochen. Der Althing ist die älteste, noch heute existierende Volksvertretung der Welt – die «Großmutter» der Parlamente. Damit begann Islands Geschichte als Staat. Über dreihundert Jahre lang lebte man dann selbstbestimmt als freie Bauernrepublik.

1262 aber mußten sich die Isländer doch noch der norwegischen Krone unterwerfen. Damit begannen die Jahrhunderte der Ausbeutung durch königliche Statthalter, durch den Monopolhandel und kirchliche Würdenträger. Die Zustände verschlimmerten sich noch, als im Jahr 1380 die Macht in Skandinavien von Norwegen an Dänemark überging. Nach Jahrhunderten der wirtschaftlichen Not, verheerenden Seuchen und Vulkanausbrüchen stabilisierte sich die Lage im 19. Jahrhundert. Doch erst 1944 erhielt Island seine Selbständigkeit zurück – als ein Staat, der tausend Jahre zuvor seine Geburt erlebt hatte.

DIE SAGAS – ISLANDS SPANNENDE GESCHICHTSBÜCHER

Gott Odin, im Asenhimmel der germanischen Götter für die Krieger und die Dichtkunst zuständig, verdanken die Isländer nicht nur den Platz für ihre Hauptstadt. Von ihm stammen auch der Met und die Runen – wenn man den Sagas glauben darf. Der Met als Gabe der Götter dient noch heute als willkommener Vorwand für den beliebten Griff zum *brennivín*, zum Hartgebrannten. Die Runen nutzten die Isländer so lange als Schriftzeichen für Kurzmitteilungen, bis sie ihre mündlich von Generation zu Generation weitererzählten Heldensagen und Götterlieder, ihre Skaldenpoesie und Historienprosa in lateinischen Lettern zu Pergament bringen konnten. Das große literarische Zeitalter des kleinen Inselvolkes begann am Ende des 11. Jahrhunderts, als die führenden Geschlechter sich in Machtkämpfen besonders fleißig die Köpfe einschlugen. Die dichterische Kraft hielt auch an, als Island 1262 unter das strenge Regiment der Norweger-Könige kam. Denn für die Isländer waren die Sagas, mit deren Helden man zeitlebens auf vertrautem Fuß stand, mehr als bloße Unterhaltungsliteratur. Sie hatten einen national-religiö-

Von Landmannalaugar erreicht man zu Fuß den wassergefüllten Ljótipollur-Krater. Von hier aus überblickt man das weite Tal des Flusses Tungnaá, der sich aus den Wassern des Gletschers Vatnajökull speist.

sen Rang und waren Bestandteil der Identität als eigenes Volk. Sie waren – so ein Isländer – «ein zeitloser Kraftquell, aus dem wir tranken, um durch viele Jahrhunderte der Finsternis und materiellen Armut erst die norwegische und dann die dänische koloniale Ausbeutung zu überleben». Auch heute stehen die gesammelten Sagas noch in jedem isländischen Bücherschrank.

Hexenkreise sind in der unberührten Natur Islands noch häufig anzutreffen. Sie entstehen durch die kreisförmige Ausbreitung bestimmter Pilzsporen.

Zu den Meisterwerken altisländischer Schreibwut gehören die beiden «Eddas» – die ältere eine Sammlung von dreißig Götter- und Heldenliedern, die jüngere ein für seine Zeit einzigartiges Poesie-Lehrbuch für den altnordischen Dichternachwuchs. Es enthält nicht nur genaue Anweisungen für den rechten Versfuß und den Binnenreim, sondern auch ein Vokabular poetischer Umschreibungen für Allerweltswörter und ein ausführliches «Who is Who» des nordischen Götterhimmels Asgard mit seiner Residenz Wallhall.

Im Dienst der Dichtkunst hatten ganze Kälberherden ihr Leben lassen müssen – man brauchte ihre Häute für die Pergamentherstellung. Daß Hunderte der kunstvollen Handschriften – im Original oder als frühe Abschriften – erhalten blieben, verdankt man der Sammelwut von Árni Magnússon, der vor dreihundert Jahren von Hof zu Hof und von Pfarrhaus zu Pfarrhaus zog und zusammentrug, was noch an Manuskripten existierte. Er verfrachtete alles nach Kopenhagen, wo er an der Universität lehrte, und begründete damit deren wertvolle «Arnamagneische Sammlung».

Zu Zehntausenden säumten die Isländer den Hafen in Reykjavík, die Nationalhymne erklang, Matrosen des dänischen Kanonenbootes «Vædderen» in Paradeuniform trugen ein in Ölpapier gewickeltes Paket von

Bord und überreichten es dem isländischen Kulturminister. Was da im April 1971 – auf 600 Millionen Mark bei Lloyd's versichert – heimkehrte, waren die beiden Prunkstücke der Handschriftensammlung: der «Codex Regius» mit der «Älteren Edda» und das «Flateybuch». Damit begann die Rückführung von 1500 der Manuskripte aus Kopenhagen. Denn mit der 1944 erlangten neuen Unabhängigkeit hatten die Isländer alles darangesetzt, ihre nationalen Reliquien nach dreihundert Jahren der unfreiwilligen Ausleihe wieder von den Dänen zurückzubekommen. In Kopenhagen hagelte es

Proteste gegen diese Forderung. Doch dann rückte man wenigstens zwei Drittel des Handschriften-Schatzes heraus. 1996 kehrte das letzte der 1500 ausgehandelten Manuskripte zurück auf die Insel seiner Entstehung. Heute ruhen die schaurig-schönen Geschichten von Gretti dem Geächteten, die bewegende Gattenklage Guðruns oder der spannende Bericht über die Entdeckung Amerikas durch Leifur den Glücklichen in Klimakammern und durch Stahltüren geschützt im «Árnagarður» der Universität Reykjavík.

Leifur Eiríksson (Leif Eriksson), der Erstentdecker der Neuen Welt: In Bronze gegossen steht er vor der Hallgrímskirche – geharnischt und behelmt, den Blick westwärts übers Meer gerichtet, als sei er allzeit bereit, Amerika noch ein zweites Mal zu entdecken. Der erzene Wikinger wie aus einem Hollywood-Streifen war eine Gabe der Amerikaner zur Tausendjahrfeier Islands. Damit würdigten sie zugleich auch die historische Entdeckertat des großen Inselsohnes, der schon 500 Jahre vor Kolumbus an ihrer Küste gelandet war.

DIE LÄNDLICHE WELTSTADT

Im Rücken der Statue wächst der eigenwillige Betonkatarakt der neuen Hallgrímskirche in den Himmel. Vor gut hundert Jahren hätten ihre 1500 Plätze noch für sämtliche Bürger Reykjavíks ausgereicht. Heute zählt die nördlichste Hauptstadt der Welt mit ihren Vororten über 150 000 Einwohner – längst lebt hier jeder zweite Isländer. Und der Zuzug hält an – die Metropole drängt ihren Beton immer weiter in die Lavawüste hinaus.

«Einerseits ist sie eine Weltstadt geworden, bewohnt von einer ländlichen Bevölkerung, andererseits ein ländliches Dorf geblieben, mit Weltbürgern als Einwohnern», schrieb einer ihrer Literaten über die Hauptstadt, durch deren ewig zugige Straßen der Geruch von Fischmehl treibt. Flaches Bauwerk herrscht im alten Zentrum vor, nur selten wächst es über vier Etagen hinaus. Schmalbrüstige Häuser aus der Zeit der Jahrhundertwende drängen sich bis an die Rückseite der Shopping-Meile, das traditionelle Wellblech ihrer Fassaden in aller Farbenpracht lackiert. Das alles gibt sich nordisch gelassen wie ein Stück gestriger Provinz. Und selbst das «Weiße Haus», der Amtssitz des Staatsoberhauptes, mag da nicht protzen. Sein bescheiden eingeschossiger Bau vom Ende des 18. Jahrhunderts diente vormals als Besserungsanstalt für Tagediebe, Landstreicher und Wegelagerer.

Die Küsten im Süden und Südosten der Insel bestehen aus von zahlreichen Gletscherflüssen durchzogenen Sand- und Schotterflächen, den sogenannten Sandern. Vereinzelt ragen, wie bei Kap Dyrhólaey, uralte «Vulkanruinen» auf, die zahlreichen Seevögeln als Brutstätte dienen.

Doch wo sich die neue City mit atemberaubendem Tempo in die Weite der Lavafelder schiebt, hat Reykjavík das Provinzielle abgestreift. Hier will die Metropole Weltstadt sein – hier zeigt man seine neue Urbanität. Die Architekten sparen nicht an Glas und Stahl – auf ihren Reißbrettern entstehen immer gewagtere, futuristischere Entwürfe. Die heimischen Kulturkritiker mahnen da schon zu neuer Bescheidenheit – schließlich lohne nicht jede ausgefallene Idee des Auslandes importiert zu werden.

«Rauchbucht» – Reykjavík – hatte der Erstsiedler Ingólfur seinen von dampfenden Quellen umgebenen Wohnplatz getauft. Heute nutzt man die geothermale Fußbodenheizung tief unter der Stadt. Aus Dutzenden von Tiefbrunnen fließt siedend heißes Wasser in das 1100 Kilometer lange Fernwärmenetz. Reykjavík ist die erste Großstadt der Welt, die komplett mit Erdwärme beheizt wird – bis hin zu den Bürgersteigen im Zentrum. Die ganze Stadt kennt keinen Schornstein – es gibt keinen Rauch mehr über der Rauchbucht.

Island läßt sich auch als Land der Wasserfälle bezeichnen. Zu den beeindruckendsten Kaskaden gehört der 60 Meter hohe Skógafoss im Süden des Mýrdals- und des Eyjafjalla-Gletschers.

Ein Leuchtturm krönt Islands Südspitze Kap Dyrhólaey, einst eine Insel, die heute durch Sanderflächen mit dem »Festland« verbunden ist.

Die Islandpferde waren von der Landnahmezeit bis ins 20. Jahrhundert als Last- und Zugtiere unentbehrlich. Ihr Stammbaum läßt sich bis in das Jahr 930 zurückverfolgen.

Über eine halbe Million Schafe gibt es in Island. Sie liefern die Wolle für die berühmten Islandpullover, insbesondere aber das wohlschmeckende und auf der Insel äußerst beliebte Lammfleisch.

In dem kurzen isländischen Sommer wird jede Gelegenheit genutzt, die Freizeit in der Natur zu verbringen.

Was gibt es Schöneres, als auf dem Rücken der ausdauernden, trittsicheren Islandpferde die grandiose Landschaft zu erkunden (oben)?

Der Schafabtrieb im Herbst ist auch für die Kinder ein großes Ereignis (Mitte).

Die zahlreichen in Island heimischen oder hier brütenden Vogelarten leben bis heute vom Menschen weitgehend ungestört. So kann man am Ende der Brutzeit im Juni an flachen Küsten und Seeufern ganze Kolonien von jungen Enten beobachten (unten).

FISCH, FISCH UND NOCHMALS FISCH

Überall Fisch: Selbst inmitten der Metropole dümpeln die Kutter, Logger und Trawler an den Bollwerken und den Kais. Der Fisch sei der Gott der Insel, liest man bei Laxness: »Hier wohnt das wahre Island, die Seele unseres Volkes, der Gesang unseres Volkes, der Gott unseres Volkes«, läßt er einen Helden in seinem »Fischkonzert« am Hafen schwärmen. David Oddsson, Islands gegenwärtiger Regierungschef, formuliert es prosaischer: »Alles hängt bei uns am Fisch, an nichts anderem – das ist unser wirkliches Grundgesetz!« Denn vier Fünftel aller Ausfuhren kommen aus dem Meer. Die »nasse Ernte« entscheidet über Wohl und Wehe der ganzen Insel. So traf es die Isländer ins Mark, als die großen Flotten aus aller Herren Länder die arktischen Meere rücksichtslos leerfischten – mit präzise arbeitender Aufspürelektronik und gigantischen Schleppnetzen, in denen ein Dutzend Jumbo-Jets nebeneinander Platz hätten.

Das kleine Island hatte sich gegen die Großen gewehrt, hatte seine Seegrenzen immer weiter in den Atlantik hinausgeschoben. Es mußte drei Kabeljaukriege gegen den britischen Nachbarn durchstehen, wobei sogar die Kanonen sprachen. Am Ende durfte der David vom trutzigen Ende der Welt dem mächtigen Goliath den Zugang zu seinem 200-Meilen-Meer verwehren. Doch die Probleme waren damit nicht aus der Welt. So blieben in den sechziger Jahren plötzlich die traditionellen Heringsschwärme vom Weißmeer-Stamm aus, die immer gerade dann millionenfach von Norwegen herübergekommen waren, wenn sie reif für das Pökelfaß waren. Von ihnen hatten die kleinen Häfen der Nordküste gelebt. In Siglufjörður, das sich für die Monate des Heringsfiebers in die größte Fischsalzerei der Welt verwandelte, hatten sich die Fässer zu Gebirgen gestapelt. Die neuesten amerikanischen Straßenkreuzer hatten in diesen Häfen vom jeweiligen Erfolg der Saison gekündet.

Doch damit war es schlagartig vorbei gewesen, als die perfektionierten Fangflotten der Europäer vor Norwegen die Jungheringe rigoros dezimierten. Nach Island schwamm über zwanzig Jahre lang kein Weißmeer-Hering mehr. Erst 1990 reagierte Oslo mit Fangbeschränkungen – fünf Jahre später konnten die Isländer erstmals wieder 170 000 Tonnen vom »Silber des Meeres« einfahren. Doch auch die heimischen Fischer waren lange allzu leichtfertig mit ihrem »Rohstoff« vor den eigenen Küsten umgegangen. Seit 1984 hat sich die Fangflotte jedoch an staatlich verordnete Quoten zu halten, die von Meeresbiologen festgelegt werden.

Fortsetzung Seite 41

VON STURZFLUTEN UND GLETSCHER-SPRÜNGEN

Das Eis formt die Landschaft

1

2

Mächtige Gletscher bedecken mehr als ein Zehntel der Fläche Islands – das Eis hat neben den Vulkanen das Landschaftsbild der Insel entscheidend mitgeformt. Auch heute sorgt die Vergletscherung noch immer für Veränderungen.

Der vom Scheitern seines Siedlungsversuches frustrierte Raben-Flóki war es, der nach der Saga der Insel um 870 den kältesten aller Namen gab: Island – Eisland. Denn Flóki hatte bei seiner Rückkehr nach Norwegen vor allem über das viele Treibeis gewettert, um damit von seinen eigenen Versäumnissen bei der Ansiedlung abzulenken (siehe Seite 27). Doch in Wirklichkeit geschah die Namensgebung wohl viel prosaischer: Das erste, was die übers Meer herbeisegelnden Nordmänner von der Insel sahen, war die gewaltige Eiskalotte des Vatnajökull an der Südküste. Was lag da näher, als die Insel »Eisland« zu nennen? Wie auch immer der Name entstanden sein mag: Das Eis ist ein wesentlicher Bestandteil des Landschaftsbildes.

Mit ihrer Gesamtfläche von 11 000 Quadratkilometern sind die isländischen Gletscher größer als sämtliche Gletscher Europas zusammen. Mit seiner maximalen Dicke von mehr als 1000 Metern und seinem Volumen von 3500 Kubikkilometern stellt der Vatnajökull die drittgrößte Eismasse der Welt dar – nach den Inlandeisen der Antarktis und Grönlands.

Als subpolare und gebirgige Insel im Nordatlantik weist Island die für eine ausgedehnte Vergletscherung entscheidenden Voraussetzungen auf. Vor allem an der Südküste mit ihrem vom Golfstrom erwärmten Wasser trägt der Wind ausgiebige Niederschläge in die eisbedeckten Hochlandregionen. Sie sorgen für ein kräftiges Wachstum der Eisfelder. Verglichen mit dem Eis der polaren Nachbarinsel Grönland sind die fast fünfzig isländischen Gletscher sehr jung – die meisten stammen aus der Zeit des Subatlantikums vor 2500 Jahren. Als vor 1100 Jahren die ersten Siedler während einer warmen Klimaperiode auf die Insel kamen, war der Eispanzer um vieles kleiner als heute. Mit der um 1450 folgenden »Kleinen Eiszeit« drangen die Gletscher wieder weiter vor und begruben mehrere Siedlungen unter sich. Seit den zwanziger Jahren des 20. Jahrhunderts ließ das wärmere Klima die Vergletscherung erneut abnehmen. Dieser Trend kehrte sich ein weiteres Mal um, als es nach 1970 wieder kälter wurde. Mehr als die Hälfte aller Gletscherzungen stoppten ihren Rückzug – die Tendenz zu einem erneuten Ausbreiten hat zugenommen.

Ein spezielles Phänomen der isländischen Gletscherwelt sind die Gletscherläufe *(jökulhlaup)* – plötzliche Schmelzwasser-Sturzfluten unvorstellbaren Ausmaßes. Denn auch unter dem Kältepanzer sind vulkanische Kräfte tätig, so daß sich unter dem Eis riesige Schmelzwasserseen aufstauen. Wenn der wachsende Druck die Tausende von Tonnen schweren Eisbarrieren vor ihren Abflußtoren anhebt, entleeren sich die Staubecken mit einem Schlag talwärts. Noch dramatischer sind solche Läufe, wenn sie direkt durch Eruptionen unter dem Eis ausgelöst werden. Vor allem die berüchtigten Vulkane Katla (»Hexe«) unter dem Mýrdalsjökull und Grímsvötn unter dem Vatnajökull haben dafür gesorgt, daß sich seit der Besiedlung Islands gut dreißig solcher Sintfluten ereigneten.

Ein anderes Phänomen, das man bei europäischen Gletschern nicht kennt, sind die *surges* – das plötzliche Vorwärtsrasen von Gletscherzungen, bisweilen über Strecken von hundert Metern an einem Tag. Über zwanzig solcher *surges* hat man in den letzten vierzig Jahren auf Island registriert – mit zunehmender Tendenz in jüngster Zeit. Man nimmt an, daß sich unter den Gletscherzungen Wasserschichten von mehr als einem halben Meter ansammeln. Sie setzen die Reibung beim Vorwärtsschieben herab und erhöhen damit die Fließgeschwindigkeit des Eises sprunghaft. *Hans Joachim Kürtz*

3

Islands größte Flüsse entspringen den Gletschern. – 1 und 2 Die »Quelle« der Jökulsá á Fjöllum am Dyngjujökull. – 3 Der Gigjökull, eine Gletscherzunge des Eyjafjallajökull.

Eine breite Gletscherzunge des Vatnajökull schiebt sich bei Höfn bis nahe an die Küste. Die Schmelzwasser dieser drittgrößten Eismasse der Welt gestalten die Landschaft im gesamten Südosten Islands.

Selbst in den unwirtlichen Gletscherregionen gedeihen zahlreiche Blütenpflanzen, wie hier am Skaftafellsjökull im Nationalpark Skaftafell.

Der Gletschersee Jökulsárlón bildete sich erst in diesem Jahrhundert durch den Rückzug des Breiðamerkurjökull.

Mehr als hundert Meter tief hat sich der Fluß Jökulsá á Fjöllum stellenweise in die Basaltschichten eingegraben. Der Canyon bildet das Kernstück des Nationalparks Jökulsárgljúfur.

Über dunkle Basaltsäulen ergießt sich der Svartifoss im Skaftafell-Nationalpark.

1995 zog man 1,5 Millionen Tonnen Fisch aus dem eigenen Meer – für jeden Isländer immerhin noch 5600 Kilogramm!

Hering und Kabeljau hatten das gesamte soziale Gefüge verändert. Bis in unser Jahrhundert hatte man nur von dem gelebt, was man dem Boden abringen konnte. Die nasse Ernte stellte für die Bauern nur ein notwendiges Zubrot dar. Doch vor hundert Jahren waren die Isländer vom Land aufs Meer gegangen – die Verarbeitung der Fänge machte aus dem Agarstaat ein Industrieland. Der Fisch verhalf der kleinen Nation zu einem Lebensstandard, mit dem Island heute zu den zehn reichsten Industrienationen gehört.

Bei der Erhärtung der Lavaströme entstehen senkrecht zur horizontalen Abkühlungsfläche vielkantige Basaltsäulen. Besonders gleichmäßig ausgeformt sind sie am Aldeyarfoss im Fluß Skjálfandafljót.

Wenn im September die tausendköpfigen Herden der Schafe oder der sommers halbwild lebenden Islandpferde von den Bergen getrieben werden, zeigt sich aber, daß die Landwirtschaft noch immer ihre Bedeutung hat. Nach der Statistik übertrifft die Zahl der Schafe die der Menschen um das Doppelte, und je drei Isländer könnten sich ein Pferd teilen. Das läßt immer mehr reitbegeisterte Touristen von Übersee ihr Urlaubsgeld auf die Bauernhöfe tragen. Und auch der Feuergott Pluto zeigt ein Herz für die Bauern. Er heizt kostenlos immer neue Kolonnen von Gewächshäusern. Subarktische Gurken, Tomaten und Paprika für die Supermärkte der Vereinigten Staaten sollen schon bald zu Devisenbringern werden.

GOLDENER WASSERFALL UND BLAUE LAGUNE

Es war der Stoff, aus dem die Sagas sind: Auf dem Einödhof Brattholt droht die junge Sigriður Tómasdóttir ihrem Vater, sie werde sich in die tosende Charybdis des nahen Gullfoss stürzen, wenn er dem Drängen eines Engländers nachgeben und ihm diesen schönsten aller isländischen Wasserfälle verkaufen würde. Schweren Herzens verzichtet der Vater auf das Geschäft seines Lebens. Das Kraftwerk, mit dem der Engländer um die Jahrhundertwende die Energie des gigantischen Katarakts nutzen wollte, blieb ungebaut. So zeigt der «Goldene Wasserfall» noch immer unberührt sein grandioses Naturschauspiel. Mit Donnergetöse stürzen die Fluten des Gletscherstromes Hvítá in zwei versetzten Kaskaden 30 Meter in die Tiefe, zergischten und zerstieben zu Nebelwänden, auf die die Sonnenstrahlen Regenbogen und leuchtendes Gold malen – das gab dem Gullfoss seinen Namen.

Doch nicht alle Gletscherflüsse schicken ihre Fluten ungenutzt in den Atlantik. Einige müssen auf ihrem Weg dorthin die Turbinen von Hydrokraftwerken antreiben. Deren billiger Strom läßt selbst in der Polarnacht die Treibhausgurken bei Kunstlicht wachsen. Er ermöglicht es der energiefressenden Aluminiumschmelze Straumsvík, rentabel für den Weltmarkt zu produzieren, auch wenn man den Rohstoff vom anderen Ende des Erdballs herbeiholen muß – er kommt per Schiff aus Australien!

Auf billige Energie als Exportartikel setzt Island seine Hoffnung für die wirtschaftliche Zukunft. Denn nicht nur das Eis läßt mit seinen Gletscherflüssen den Strom reichlich fließen. Auch der plutonische Dampfdrucktopf im Erdinneren kann dafür genutzt werden. Karibisches Türkis überrascht in der düsteren Lava-

wüste des Südwestzipfels: die berühmte «Blaue Lagune» von Svartsengi. Diese ungewöhnlichste Badewanne Islands zu Füßen eines schlafenden Vulkans wird fortwährend neu mit heißem Ablaufwasser aus dem benachbarten geothermischen Kraftwerk gefüllt. Hier heizt die Erdmantelglut den Untergrund so stark auf, daß das Wasser in 1100 Meter Tiefe eine Temperatur von 260 Grad Celsius hat. Mit vier Zentner Dampf in der Sekunde sind die hier in die Erde getriebenen Brunnen die größten Dampflöcher der Welt. Das gibt dem Kraftwerk Svartsengi eine Leistung von 16 Megawatt. Zusätzlich wird auch der ganze Südwestzipfel Islands mit Fernwärme versorgt, und es bleibt noch genügend heißes Wasser für die Lavabadewanne – die Mineralien aus der Tiefe sorgen für die blaue Farbe.

Feuergott als ein großes Experimentierfeld zu dienen. «Das wahre, gelobte Land der Vulkane!», schwärmte vor hundert Jahren ein norwegischer Geologe von dieser in Europa einzigartigen Vulkanlandschaft. Garðar Svavarsson, der erste Erkunder der Insel, hatte – so die Saga – einen seiner Sklaven gestraft, weil dieser nicht gründlich genug nach den Quellen des heutigen Flusses Laxá gesucht hatte. «Möge aus jedem meiner Fußstapfen rund um den See Feuer aufsteigen, damit du siehst, wie weit ich gewandert bin», hatte der Gescholtene erwidert. Und so geschah es: Überall um den

Mückensee herum brachen Vulkane aus, und noch immer fließt Lavaglut aus seinen Trittspuren.

Der arme Sklave scheint sogar den See selbst durchwatet zu haben. Denn auf dessen kleinen Inseln finden sich Hunderte von kegelförmigen Kratern. Doch ist aus ihnen nie Lava geflossen – sie entstanden durch Dampfexplosionen, wenn sich Lavaströme ins Wasser schoben. Einer dieser Pseudokrater diente angeblich dem aus Sachsen stammenden Missionar Dankbrad als Taufbecken, als er im Jahr 982 ohne allzuviel Erfolg versuchte, den normannischen Heiden das Christentum zu bringen.

Wie an einem Lehrpfad für Vulkanologie bietet die Nachbarschaft des Mückensees eine beachtliche Musterschau der vulkanischen Formenvielfalt. Beherrscht wird das Panorama von mächtigen Tafelbergen, die als Vulkane unter dem Gletschereis entstanden – der Bláfjall erreicht die Höhe von 1222 Metern. Nicht weit vom Ufer ist der abgestumpfte Riesenkegel des Hverfjall als ein Ring aus lockerem Tuff in die Höhe gewachsen – um einen Krater von 1000 Meter Durchmesser und 140 Meter Tiefe. Von seinem Rand blickt man auf eines der besten Beispiele für die hier häufigen Spalteneruptionen – auf die acht Kilometer lange, wie an der Schnur ausgerichtete Reihe niedriger Kraterkegel der Þrengslaborgir und der Lúdentsborgir. Zu der eigenwilligen Kulisse dieser Landschaft gehören auch die Dimmuborgir («dunkle Berge») – ein bizzarer Irrgarten aus schwarzer Blocklava mit Türmen und Toren, mit Wällen und Zinnen und einer Kirche aus versteinertem Glutbrei.

Sommer in Akureyri, der «Hauptstadt des Nordens». Mit rund 15 000 Einwohnern ist sie die drittgrößte Stadt Islands.

Fast zweitausend Jahre waren die unterirdischen Feuertöpfe am Mývatn nicht mehr übergekocht, als 1724 der Donnerschlag einer gewaltigen Explosion die vorletzte vulkanische Episode für diesen Landstrich einleitete. Sie sprengte die 320 Meter weite Kratersenke Víti – die «Hölle» – in den Westhang der Krafla. Damit begann das fünf Jahre dauernde «Mývatn-Feuer», das nicht weniger als einen Kubikkilometer Lava aus seiner Kraterreihe fließen ließ. Die Glutwalze begrub alles unter sich. An der Schwelle des Kirchleins von Reykjahlíð geschah das Wunder: Vor dem Gotteshaus teilte sich der Lavastrom unvermittelt und floß zu beiden Seiten in den See – die Kirche blieb verschont. 250 Jahre später, 1975, begann mit den Eruptionen am Krafla-Kraftwerk der vorerst letzte Akt auf der vulkanischen Bühne am Mückensee.

Hier, mitten auf der Trennfuge in der Erdkruste, kann die Geowissenschaft mit dem Meßband registrieren, wie die Kontinentalplatten von Amerika und Eurasien ständig weiter auseinanderdriften und dabei Island spreizen – in manchen Jahren nur um Millimeter, in anderen um zehn Zentimeter. Hier zeigt sich, daß das Phänomen der Plattentektonik die Erdoberfläche ständig in Bewegung hält (siehe Seite 49).

Fast ein Drittel aller Lava, die jemals aus den Magmakammern der Erde geflossen ist, findet sich auf Island – nicht zuletzt in seinen ausgedehnten Wüsten im zentralen Hochland. Mit 4500 Quadratkilometern ist die von düsteren Sagen umwobene Ódáðahraun, die «Missetäter-Lava», die größte vulkanische Wüste der Welt – eine endlose, von graubraunem Geröll übersäte Hochebene. Hierher flüchteten sich einst die Geächteten und fristeten ein Leben voller Entbehrungen. Meist setzten ihnen Hunger und Kälte ein frühes Ende.

Die trostlose Ödnis ist das Resultat ungezählter Lavaströme. Sie flossen in den nacheiszeitlichen Jahrtausenden aus einem guten Dutzend Vulkanen – so aus

Fortsetzung Seite 51

Blick vom Hafen der Stadt Húsavík über die Skjálfandi-Bucht auf die Gipfel der Víknafjöll.

Der Goðafoss (Götterfall) erinnert mit seinem Namen an die Übernahme des Christentums: Hier wurden die heidnischen Götterfiguren in den Fluß gestürzt.

DAS HÖLLENFEUER AUS DER TIEFE

Vulkanismus auf Island

Island ist die größte Vulkaninsel der Erde. Sie besteht fast ganz aus Lava und Tuffgestein. Seit der Besiedlung vor 1100 Jahren hat es etwa zweihundertfünfzig Eruptionen an fünfzig verschiedenen Orten gegeben – die letzte war 1991 ein Ausbruch der Hekla. Ein Drittel des Landes gilt noch heute als vulkanisch besonders aktive Zone.

Der Hekla-Berg lasse über Meilen «aus der Tiefe der Hölle das jämmerliche und wehklagende Geheul und Gewinsel der Verdammten hören» – der Feuerberg könne nur «die Pforte zur Hölle» sein, wußte Ende des 16. Jahrhunderts der Schwiegersohn Philipp Melanchthons,

1

Karl Peucer, zu berichten. Und wenig später schrieb der ostfriesische Prediger und Astronom David Fabricius, daß dieser Berg der Ort sei, an dem die Seelen der Gottlosen gebraten und geschmort würden. Jahrhundertelang stand die Hekla, der aktivste Vulkan auf Island, in dem zweifelhaften Ruf, die Peinigungsstätte für sündige Seelen zu sein.

Der fast 1500 Meter hohe Zentralvulkan im Südland ist in den letzten 8000 Jahren mindestens zwanzigmal aktiv gewesen. Der erste historisch überlieferte Ausbruch im Jahr 1104 machte mit seinen 2,5 Kubikkilometern Asche das gesamte Weideland im Umkreis von 100 Kilometern unbrauchbar. Zweihundert Jahre später ließ der Ausstoß von 500 Millionen Kubikmetern Bims fast fünfhundert Menschen verhungern, weil ihr Vieh davon jämmerlich zugrunde gegangen war. Die größte Lavamasse, die je in historischer Zeit aus den Eingeweiden der Erde quoll, kam 1783/84 aus den 120 Kratern der Laki-Spalte, die 25 Kilometer lang ist. Im Lauf von acht Monaten verteilten sich zwölf Kubikkilometer geschmolzenes Gestein über ein Gebiet von der Größe Westberlins. Die 30 Milliarden Tonnen Lava begruben auch zwei Kirchen und 15 Gehöfte unter sich.

Die eigentliche Katastrophe aber brachte der begleitende Aschefall und der «blaue Vulkannebel», der selbst noch auf Afrika und Asien herabfiel. Diese Gaswolke führte neben gefährlichen Fluorverbindungen 20 Millionen Tonnen Kohlendioxid und zehn Millionen Tonnen Schwefeloxid mit sich. Der Niederschlag vergiftete die Viehweiden auf Island für viele Jahre. 160 000 Schafe, 21 000 Pferde und 6000 Rinder verendeten – die folgende Hungerkatastrophe dezimierte die Bevölkerung um ein Fünftel auf 38 000.

Mit der Eldgjá («Feuerschlucht») befindet sich in Island der größte Eruptionsgraben der Erde – fünf Kilometer lang, 600 Meter breit und 270 Meter tief. Diese Schlucht zerteilt eine ganze Landschaft mit Berghängen, Tälern und Flüssen. Sie ist das Resultat einer gigantischen Explosion, die zehn Kubikkilometer Lava freisetzte.

Kein anderes Land zeigt eine größere Vielfalt vulkanischer Erscheinungen als Island. Es gibt majestätische Tafelvulkane wie den Götterberg Herðubreið, die während der letzten Eiszeiten unter den Gletschern entstanden sind. Man findet Schichtvulkane wie die Hekla mit ihren acht Kratern, Schildvulkane mit flachen Hängen wie den Skjaldbreiður, gigantische Explosionskrater, Maare – mit Wasser gefüllte Krater – ohne Bergaufschüttungen und die für den isländischen Vulkanismus typischen Eruptionsspalten mit ihren Kraterketten.

Zu den Besonderheiten plutonischer Aktivitäten gehören die Vulkane im Meeresgrund und unter dem Eis. Schon um 1180 konnte man in der Island-Beschreibung des französischen Klosterkaplans Herbert von Clairvaux lesen: «Man hat wiederholt ein mit riesiger Kraft ausbrechendes Feuer im Ozean gesehen, welches die Fische und andere Lebewesen im Meer verbrannte.» Der spektakulärste derartige Ausbruch war 1973 die Geburt der Insel Surtsey (siehe Seiten 14 und 78). Ungezählte kleinere Eruptionen unter Wasser bleiben völlig unbemerkt – wenn nicht der Zufall es anders will. Als Garnelenfischer im März 1989 nahe der Insel Grímsey ihre Netze vom Meeresgrund

2

3

4

In Island finden sich die vielfältigsten Formen vulkanischer Aktivitäten.

1 *Tiefe Erdspalte in der Ebene von Þingvellir.*

2 *Die heiße Springquelle Strokkur im Haukadalur (siehe auch Seiten 51 und 59).*

3 *Die Entstehung der Insel Surtsey durch den gewaltigen Vulkanausbruch auf dem Meeresgrund im Jahr 1963.*

4 *Blick in einen Vulkankrater im Krafla-Gebiet.*

5 *Luftaufnahme des Hekla-Ausbruchs von 1970.*

6 *Der spektakuläre Ausbruch des Helgafell auf der Westmänner-Insel Heimaey in der Nacht zum 23. Januar 1973. Über dreihundert Häuser wurden unter der Lava begraben.*

5

6

hochzogen, fanden sie zwei der Schlepptaue durchgeschmort. Dafür waren Temperaturen von mindestens 200 Grad Celsius notwendig gewesen. Statt der erhofften Garnelen lagen 400 Kilo schwefligen Materials in dem Netz. Ohne es zu wissen, waren die Fischer mit ihrem Fanggeschirr in eine unter dem Meeresspiegel stattfindende Eruption geraten.

Islands größte Vulkane sind unter den mächtigen Kältepanzern der Gletscher verborgen. So ist der Öræfajökull mit seinem Eisgipfel nicht nur der höchste Berg der Insel, sondern zugleich ein außerordentlich heimtückischer Vulkan. Er brachte 1362 Tod und Verderben über ganz Südisland, als bei einer infernalischen Explosion zehn Kubikkilometer Bims aus dem Erdinneren geschleudert wurden. Die Hitze ließ so große Eismassen schmelzen, daß der folgende Gletscherlauf (siehe Seite 36) Menschen und Vieh vom Fuß des Öræfajökull ins Meer spülte und die fruchtbare, besiedelte Landschaft in eine Wüste verwandelte.

Die vulkanische Aktivität im Gebiet von Island läßt sich erst durch die in den letzten dreißig Jahren entwickelte Theorie der »Plattentektonik« erklären. Diese geht auf die anfangs verlachte These des deutschen Geophysikers Alfred Wegener zurück, nach der die in grauer Vorzeit auseinandergebrochenen Kontinente sich noch immer gegeneinander verschieben. Das geschieht auf gigantischen Bruchstücken der Erdkruste, die – getrieben von gewaltigen Unterströmungen – auf dem glutflüssigen Erdmantel schwimmen. An den Rändern der Platten quillt geschmolzener Basalt auf und spreizt den Riß durch ständiges Anschweißen von neuem Material. Werden dabei die Spannungen zu groß, kommt es zu neuen Rissen – begleitet von Erdbeben und Vulkanausbrüchen.

Ohne diesen nur grob skizzierten, in Wirklichkeit sehr komplexen Vorgang gäbe es Island gar nicht auf der Landkarte. Erst ein seit Jahrmillionen ortsfester »heißer Fleck« mit erhöhter Magmaförderung ließ die ganze Insel über der Trennfuge des Mittelatlantischen Rückens aus dem Atlantik wachsen. Island ist damit eine der ganz wenigen Regionen der Welt, wo die Prozesse der »Plattentektonik«, die sonst in mehreren tausend Metern Meerestiefe ablaufen, über dem Meeresspiegel verfolgt werden können. Seit Mitte der achtziger Jahre belegen Satellitenaufnahmen das anhaltende Wachsen der Insel nach Osten und nach Westen. *Hans Joachim Kürtz*

Bis zu 200 Grad heißen schwefligen Wasserdampf stoßen die sogenannten Solfataren aus. In besonders großer Anzahl findet man sie im Gebiet von Namaskarð östlich des Mývatn.

Die bis zu 1477 Meter hohen Rhyolithberge der Kerlingarfjöll im Süden des Hofsjökull mit ihren – für isländische Verhältnisse – kleinen Gletschern von nur rund zehn Quadratkilometern sind ein beliebtes Sommerskigebiet.

der Herðubreið, die als majestätischer Tafelberg elfhundert Meter aus dem Wüstengeröll aufragt. Diese Königin der isländischen Berge fordert mit ihrer Schönheit mythische Assoziationen heraus: War sie der Wohnsitz des Göttergeschlechts der Asen? Vieles in ihrer Topographie spricht dafür, daß sie den Dichtern der Göttersagas als ganz konkretes Vorbild für die Götterburg Asgard diente. Ein anderes mächtiges Vulkanmassiv sind die Dyngjufjöll, die den riesigen wassergefüllten Kratereinbruch der Askja umgeben. In den schwefeligen Fluten dieses tiefsten Sees in Island fanden 1907 auf ungeklärte Weise der deutsche Geologe Walther von Knebel und sein Begleiter Max Rudloff den Tod.

SINTFLUTEN AUS DEM EIS

Noch vor einem Vierteljahrhundert lagen zwischen den beiden kleinen Südküsten-Orten Vík und Höfn 1600 Kilometer Autofahrt auf miserabler Schotterpiste. Heute ist der Straßenabstand auf 280 Kilometer geschrumpft. Denn man muß für diese Reise nicht mehr die ganze Insel umrunden – beide Orte verbindet seit 1974 das wohl ungewöhnlichste Teilstück der Ringstraße Nr. 1: eine Kette von langen, hölzernen Brücken quer über die amphibische Landschaft der Sander – von Rinnsalen durchzogenen Geröllfeldern – unterhalb der großen Gletscher. Die Holzpiste führt über ein Gewirr ungezählter, sich unaufhörlich verästelnder und neu vereinigender Flüsse und Bäche, mit denen die riesigen Eiskuppeln ihre Schmelzwässer in den Atlantik schicken. Bis zu dem historischen Brückenschlag 1974 konnte man diese durchwässerte, pechschwarze Sanderwüste nur auf dem Rücken besonders robuster «Wasserpferde» durchqueren.

Ungestüm, von keinem Flußbett recht zu bändigen, wälzen sich die geröllbeladenen Fluten vielarmig zu Tal. Mit ihrer Moränenfracht überschottern sie die Abflußebenen immer neu. Für Nachschub ohne Ende sorgt vor allem der Vatnajökull, der «Wassergletscher», auf dessen kilometerdickem Eispanzer die Insel Kreta bequem Platz fände. Aus seiner Flanke erhebt sich als weißleuchtende Landmarke der Öræfajökull – mit seinem 2119 Meter hohen Gipfel Hvannadalshnúkur Islands höchster Berg (siehe Seite 77).

Noch im 16. Jahrhundert trieben die Bauern der Küstenregion ihre Schafherden quer über die endlose Eiswüste des Vatnajökull auf die Sommerweiden im Norden. Umgekehrt holten sich die Bewohner des Nordens auf diesem eisigen Weg ihr Holz aus dem Süden, oder sie kamen zum Fischfang ans Meer. Doch die wachsende Vergletscherung am Höhepunkt der «Kleinen Eiszeit» machte den Vatnajökull unpassierbar. Bei einer der Wanderungen war es 1573 zu einer Katastrophe gekommen. Einer der unvermittelt einsetzenden Gletscherläufe hatte mit seinen Wassermassen über fünfzig Männer aus dem Norden in den Tod gerissen. Diese Sintfluten aus dem Eis gehören zu den elementaren Heimsuchungen, die immer wieder über die Insel hereinbrechen.

«Plötzlich beginnt der vordere Rand des Gletschers sich zu heben, er zerreißt überall mit fürchterlichem Donnern und zerspringt in große und kleine Stücke. Die Wasserfluten strömen an allen Ecken und Enden hervor und tragen mit rasender Eile das Eis über die

Eine riesige Dampfblase wölbt die kochende Wasseroberfläche des Geysirs Strokkur zu einer Kuppel auf und kündigt damit das unmittelbar folgende Aufschießen der heißen Wasserfontäne an (siehe Seite 59).

unterhalb liegenden Sand- und Lehmflächen dahin, wobei Strecken von vielen Meilen Breite tagelang von einem reißenden Strom mit hausgroßen Eisquadern überschwemmt werden, die alles zermalmen, was ihnen in den Weg kommt.» So beschrieb S. Gunnarsson 1873 einen *jökulhlaup*, einen Gletscherlauf, aus dem Grímsvötn, einem der größten und aktivsten subglazialen Vulkanherde im Vatnajökull – mit einem gewaltigen Schmelzwasserkessel in seinem eisüberwölbten Einbruchkrater. Nicht weniger als fünfzig solcher urgewaltigen Sintfluten haben sich seit Besiedlung über die Sandwüsten zu Füßen des Vatna- und des Mýrdalsgletschers gewälzt, neben Hunderten von «kleineren» Gletscherläufen. Immer wieder haben die Fluten Bauernhöfe und Kirchen fortgerissen, Ackerland wurde

Für viele Isländer sind außerirdische Wesen, die um sie herum wohnen, nicht minder wirklich als die Nachbarn im Nebenhaus. Jeder vierte Inselbewohner glaubt an die Existenz von Elfen, Trollen und anderen Unsichtbaren.

DIE UNSICHTBAREN NACHBARN

Elfen, Trolle und Gnome

Aus der Welt der «Verborgenen», wie sie vor allem die Stadt Hafnarfjörður bevölkern sollen: Die dem Menschen freundlich gesonnenen Elfen (isländisch álfar; oben) erscheinen in den verschiedensten Größen: als große, schlanke Gestalten wie auch als kleine, pummelige Phantasiewesen. – Die Zwerge (isländisch dvergar; unten) erreichen nur die Größe von Kleinkindern; sie gelten als unberechenbar, zeigen sich mal schön und freundlich, mal häßlich und mißmutig.

Daß Islands Außerirdische selbst vor den Mächtigen der Welt wenig Respekt zeigen, erfuhren Reagan und Gorbatschow beim Reykjavíker Gipfel 1986. Am Konferenzort, dem Gästehaus Höfði, streikte die nagelneue Telefonanlage. Während die Techniker ebenso verzweifelt wie ergebnislos nach den Ursachen suchten, war für die heimische Presse schnell klar: Der «Mori», ein seit der Jahrhundertwende durch das Haus spukender Wiedergänger, hatte sich gestört gefühlt. Dieser Jenseitige existiert, seit sich die blutjunge Sólborg im Höfði das Leben genommen hatte. Seine Umtriebe hatten schon mehrere Mieter vergrault – einschließlich eines völlig entnervten britischen Botschafters.
Den Isländern sind außerirdische Wesen nichts Fremdes. Zwei Drittel halten es für möglich, daß Verstorbene sich den Lebenden zeigen. Jeder vierte Bewohner der so oft düsteren und nebelverhangenen Insel ist überzeugt, daß er von einer Vielzahl unsichtbarer Wesen einer Anderswelt umgeben ist – von allerlei *huldúfolk*. Diese «Verborgenen» wohnen in menschenähnlicher Gestalt in einzeln stehenden Felsen oder Steinhügeln. Zu den Schattenwelt-Bewohnern gehören Trolle, Gnome, Lichtfeen und – als häufigste Gattung – die Elfen. Doch sind das nicht jene zarten Reigenwesen unserer Breiten, sondern durchaus handfeste Zeitgenossen – zudem von beiderlei Geschlecht. Sie gleichen – so Magnús Skarphédinsson, Leiter einer Privatschule für Elfenkunde – «einem isolierten Volksstamm, sie haben unsichtbare Pferde, essen unsichtbaren Fisch, werden geboren, leben und sterben – nur alles in einer anderen Dimension.»
Neuerdings sorgen die Elfen zunehmend für Schlagzeilen – durch spektakuläre Protestaktionen, meist gegen Straßen-, Hafen- und Häuserbauer. Denn heute respektiert man ihre Wohnplätze nicht mehr als Tabuzonen – die Elfenhügel, die jeder irgendwo in seiner Nachbarschaft weiß. Selbst in der Hauptstadt gerät man mit den sonst friedfertigen

In einer der kältesten Zonen des Landes, zwischen Hofsjökull und Langjökull, liegt Hveravellir, die «Ebene der heißen Quellen». Unter den verschiedenen Quelltöpfen befinden sich auch solche, die Kieselsinter ausscheiden und zu Kegeln oder Terrassen aufschichten.

Das Gästehaus Höfði in Reykjavík, in dem – nach Überzeugung vieler Isländer – durch die geheimnisvollen Kräfte des Wiedergängers «Mori» während des Gipfeltreffens zwischen Reagan und Gorbatschow im Jahr 1986 die Telefonanlage völlig ausfiel.

Elfen immer häufiger in Konflikt: Als man für den Ausbau der «Álfhólsvegur» eine Felskuppe aus dem Weg räumen wollte, ging alles Bohrgerät zu Bruch. Man hatte unbedacht den Elfenhügel beseitigen wollen, nach dem die Straße ihren Namen hat («Elfenhügelweg»). So ließ man dann alles, wo es war – heute schlägt die Straße dort ihren einzigen großen Bogen. In einer Reykjavíker Hühnerfarm stellten die Hennen das Legen ein, als dort ein Findling gesprengt werden sollte. Bei der Suche nach der Ursache für den Eier-Streik erfuhr man mit Hilfe eines Mediums, daß der Stein Wohnstatt von Elfen war. Man verzichtete auf seine Entfernung – prompt gingen die Hennen wieder ans Legen. Bei Ólafsfjörður begruben Bergrutsche drei Häuser, das Fußballteam flog aus der ersten Liga, Arbeitslosigkeit brach über den Ort herein. Der Grund: Beim Bau eines Straßentunnels, so ließen die verärgerten Elfen wissen, habe man sie vertrieben.

Um Konfrontationen mit heimatverdrängten Jenseitigen zu vermeiden, hat die Stadt Reykjavík die Okkultistin Erla Stefansdóttir als Elfenbeauftragte engagiert. Sie soll für die Stadtplanung die nicht sichtbare Einwohnerschaft der Metropole mit ihren besonderen Ansprüchen aufzeichnen. Die Expertin hatte bereits für den Hafenort Hafnarfjörður, die Hochburg der Außerirdischen, einen Stadtplan mit über 170 Hinweisen auf die Wohnplätze von Unsichtbaren ausgearbeitet. Im Geleitwort dieser Karte schreibt der Oberbürgermeister: «In Hafnarfjörður kennen wir schon lange eine andere Einwohnerschaft, die gemeinsam mit unserer menschlichen existiert, die ihre Wohnplätze in der Stadt, der benachbarten Lava und den Klippen hat. Wir sind überzeugt, daß die Verborgenen uns wohlgesonnen sind und die Stadt genauso mögen wie wir …»

Hans Joachim Kürtz

Die Quelle Bláhver in Hveravellir. Ursache der intensiv türkis leuchtenden Färbung dieser heißen Quelle sind fein verteilte Kieselsäureteilchen.

meterhoch mit Geröll überhäuft. Nicht selten übertrafen die Wassermengen die des Amazonas in seinem Mündungstrichter. So flossen beim Gletscherlauf im März 1934 sieben Billionen Liter über die Skeiðará ins Meer. Damit könnte man ganz Deutschland mehr als ein Jahr lang mit Trinkwasser versorgen.

DIE INSELN DES TROLLWEIBES

Island – die Insel aus Feuer und Eis: Sie zeigt neben ihrem eigenwilligen plutonischen und glazialen Antlitz noch ein drittes Gesicht: ihr maritimes – die über 6000 Kilometer lange Küste, die der rauhe Nordatlantik in tiefe Fjorde zerrissen und in ungezählte Riffe und Klippen zerspellt hat. Schroffe Basaltwände ragen im Nordwesten über 500 Meter lotrecht aus dem Meer. Nackte, graue Tafelberge säumen die tief in das Land schneidenden Fjorde der Ostküste. Im Süden gischtet die Brandung auf den flachen, schwarzen Strand der Sander. Ewig ruhelos hobelt und schleift die See an den Konturen Islands.

Verschmähte Liebe unter Riesentrollen ließ vor der Südküste den Westmänner-Archipel entstehen. Denn als einem zeternden Trollweib auf den Bergen der Hellisheiði der Auserwählte davonlief, schleuderte es ihm wütend eine Ladung Felsgestein hinterher. Der Zorn der Verschmähten muß groß gewesen sein. Denn die Wurfgeschosse flogen bis ins Meer hinaus und wurden zu einem Dutzend Inseln, Klippen und Schären. Die Geologen sehen die Entstehung des Inselreichs anders. Für sie sind die Felseneilande des Trollweibes die Reste nacheiszeitlicher Vulkane. Denn der ganze Archipel, von dem nur die Insel Heimaey bewohnt ist, liegt auf einem der am heftigsten brodelnden Gluttöpfe des Erdinneren – die ungestüme Geburt der kleinen Vulkaninsel Surtsey 1963 (siehe Seiten 14 und 78) und das verheerende Heimaey-Feuer von 1973 erinnerten sehr drastisch daran.

Aber die Vestmannaejyar haben nicht nur den heißesten Boden unter ihren Felsen – sie sind auch als Islands windigste Ecke verrufen. Denn die Stürme des Atlantiks kommen hier aus erster Hand. Die Inseln mit ihren jäh ins Meer stürzenden, zerklüfteten Basaltwänden und ihren von der ewigen Brandung zerfressenen Klippen stemmen sich als Bollwerke gegen die wütende See. Die höchste amtlich ausgepegelte Woge war mit 28 Metern so hoch wie ein Zehn-Etagen-Haus! Solche Wellen werfen tonnenschwere Felsblöcke wie Spielbälle meterhoch auf die Klippen. Ab Windstärke zwölf heißt es «schulfrei» auf Heimaey, damit die Kinder nicht von der Straße gefegt werden. Und oft rast der Sturm mit mehr als 200 Stundenkilometern über die Inseln des kleinen Archipels.

Außerhalb der größeren Orte ist das dünn besiedelte Island sehr ursprünglich geblieben.

In der Einsamkeit der Westfjorde stößt man bei Selárdalur auf die Plastiken von Samuel Jónsson (oben).

Nicht weit davon räkeln sich deren lebende Vorbilder auf einem Felsen im Ísafjarðardjúp (Mitte).

Den größten Teil des Jahres verbringen die widerstandsfähigen isländischen Schafe auf der Weide. Hier vor der einsamen kleinen Kirche bei Búðir auf der Halbinsel Snæfellsnes (unten).

Die Steilklippen an der Westküste der Halbinsel Snæfellsnes dienen zahllosen Vögeln als Brutgebiete, darunter Eissturmvögel, Eismöwen und Küstenseeschwalben.

Bis weit ins 20. Jahrhundert lebten viele Bewohner ländlicher Regionen in solchen Häusern aus Fundsteinen und Torf, denn Bauholz war Mangelware. Diese auch Grassodenhäuser genannten Behausungen stehen im Freilichtmuseum von Bolungarvík in den Westfjorden.

Inzwischen werden aus Gründen der Erdbebensicherheit alle Gebäude auf Island aus Beton errichtet, so auch der Leuchtturm von Bolungarvík.

Einen guten Eindruck vom einstigen bäuerlichen Leben vermitteln die Sammlungen des Volkskundemuseums Skógar.

Bunt bemalte hölzerne «Einbauküche» (oben).

Wohn- und Eßstube (Mitte).

Geräte zur Wollverarbeitung. Das Kämmen, Spinnen und Stricken der Schafwolle war eine der Hauptbeschäftigungen während der langen dunklen Wintermonate (unten).

Es ist ein eigener Menschenschlag, der auf diesem wellenumbrandeten Vorposten Islands lebt. Man sagt den Westmännern nach, sie seien temperamentvoller, lebensfroher und leichtsinniger als ihre Landsleute auf dem «Festland». Es fließt hier wohl mehr keltisches Blut in den Adern – und sicher auch ein Schuß arabisches. Denn im Jahr 1627 waren dreihundert nordafrikanische Piraten über Heimaey hergefallen. Sie hatten viele Inselbewohner in die Sklaverei verschleppt und zurückgelassene Frauen vergewaltigt. Die Kinder des «Türkenüberfalls» halfen mit, den katastrophalen Bevölkerungs-Aderlaß wieder auszugleichen.

Hjörleifur, der Schwertbruder des legendären ersten Isländers Ingólfur, hatte – so berichtet das «Landnahmebuch» – in Ermangelung eines Ochsen seine irischen Sklaven vor den Pflug gespannt. Aus Wut darüber erschlugen diese ihren Herrn und flohen dann auf den Archipel. Doch Ingolf entdeckte sie dort und tötete die «Westmänner», wie man die Kelten nannte. Das gab der Inselgruppe ihren Namen – eine Geschichte so recht nach dem Herzen der alten Saga-Erzähler. Doch ausgerechnet der Schauplatz dieses blutigen Racheakts in der Stunde Null der isländischen Historie gab jetzt Anlaß, das überkommene Geschichtsbild gründlich zu revidieren. Denn wenn man sich bisher rühmen konnte, daß man seine Geschichte buchstäblich bis zum allerersten Einwohner namentlich belegen kann, dann ist es damit wohl vorbei.

Dafür sorgte die junge Archäologin Margrét Hermannsdóttir, die sich nicht damit zufrieden geben wollte, daß ihre Zunft nur immer mit Spaten und Spachtel das belegen wollte, was man aus den alten Handschriften ohnehin schon zu wissen meinte. Sie untersuchte noch einmal gründlich und nach streng naturwissenschaftlichen Methoden die Siedlungsreste, die man achtzig Jahre zuvor einem Herjulf zugeordnet hatte – ihn hatte das «Landnahmebuch» als den ersten Siedler auf Heimaey vermerkt.

Die übereinstimmenden Laboranalysen der Artefakte brachten eine Sensation: Das Alter der Siedlung mußte auf das 7. Jahrhundert zurückdatiert werden. Schon mehr als zweihundert Jahre vor der Ankunft des vermeintlich ersten Landnehmers Ingólfur Arnarson auf Island hatten Nordmänner aus Skandinavien auf Heimaey gelebt, hatten ihre Herden geweidet und sogar Getreide angebaut! Das war schon zur Zeit der Merowinger. Inzwischen haben auch Grabungen auf den Orkneys, den Shetlands und den Färöern ähnliche Erkenntnisse zu Tage gefördert. So wird man wohl von dem nationalen Mythos des ersten Isländers Abschied nehmen müssen. Noch allerdings sträubt man sich auf der Saga-Insel, die Geschichte der Anfänge des eigenen Volkes neu zu schreiben.

PARADIES VINLAND

Leifur Eiríksson entdeckt Amerika

1

Nicht Kolumbus war der erste Europäer in Amerika – schon fünfhundert Jahre vor ihm hatte sich Leifur Eiríksson, der Sohn Eriks des Roten, des Grönland-Entdeckers, in der Neuen Welt umgesehen.

Wenn es noch Zweifel an den Amerika-Fahrten der Wikinger vor tausend Jahren gab, dann hat sie jetzt der Genetiker Stefán Adalsteinsson ausgeräumt. Er fand an der amerikanischen Ostküste, nahe Boston, Katzen mit Erbanlagen eines altnordischen Stammes, der auch in den meisten europäischen Siedlungsgebieten der Wikinger überlebt hat. Die Vorfahren der Bostoner Tiere können nach Adalsteinssons Überzeugung nur von den Nordmännern mit nach Amerika gebracht worden sein. Noch überzeugender aber dürften die Funde der Archäologen sein: Sie haben in den siebziger Jahren in L'Anse aux Meadows an der Küste Neufundlands eine Siedlung der Wikinger ausgegraben – mit Resten von Grassodenhäusern wie im alten Island, mit Wikinger-Hausrat und mit Knochen von Haustieren aus dem europäischen Kulturkreis.

Deren Alter bestätigt die Expeditionsberichte der «Grönland-» und der «Erik-Saga», nach denen Leifur Eiríksson die von ihm «Vinland» getaufte neue Küste westlich von Grönland um die Jahrtausendwende erkundete. Schon um 1100 erwähnt das «Isländerbuch» dieses Vinland zum ersten Mal. Und selbst im fernen Europa beschreibt der Dom-Scholasticus Adam von Bremen zur gleichen Zeit eine Insel Vinland im nördlichen Ozean diesseits des «unerträglichen Eises», auf der «wilde Reben besten Wein» trügen und Feldfrüchte im Überfluß vorhanden seien.

Die erste Kunde von einem unbekannten Land im Westen hatte von dem isländischen Fernhändler Bjarni Herjolfsson gestammt, den auf seiner Reise nach Grönland ein Unwetter dreimal nahe an die amerikanische Küste verschlagen hatte. Leifur war daraufhin um das Jahr 1000 mit 35 Mann an Bord auf die Suche nach dem unerforschten Neuland gegangen.

Er fand die von Bjarni erwähnte Gletscherküste – vermutlich die Baffin-Islands –, danach die Waldküste im heutigen Labrador und nach zwei weiteren Segeltagen Neufundland, wo er Häuser für die Überwinterung baute. «Das Land hatte so gute Weiden, daß sie meinten, das Vieh könne dort ohne jedes Heu durch den Winter kommen. Es gab keinen Frost und das Gras welkte nicht», berichtet die Saga – ein Paradies also für die daheim stets um Winterfutter bangenden Nordmänner.

Mehr noch: Leifurs Ziehvater Tyrkir – ein Deutscher in seiner Mannschaft – kam von einem Streifzug sichtlich betrunken zurück. Er fletschte die Zähne – so die Saga –, redete wirr auf deutsch und verkündete dann, er habe Weinstöcke und Trauben gefunden, wie er sie aus seiner Heimat kenne. Damit war der Name Vinland geboren. Zwar gedeihen im heutigen Neufundland keine Trauben – doch erlebte der hohe Norden zu Leifurs Zeiten eine Warmzeit, die auch im Norden Englands noch Wein reifen ließ.

Mit ihrem Schiff voller Bauholz – einem daheim mehr als raren Rohstoff – segelte Leifur im folgenden Jahr wieder zurück. Die Kunde von dem neuen «Paradies» hatte einen lebhaften Schiffsverkehr nach Vinland zur Folge, und mit Snorri, dem Sohn Þorfinnurs, wurde um 1010 in Vinland der erste weiße «Amerikaner» geboren. Zwar scheiterten diese ersten Kolonisierungsversuche schon bald an den Auseinandersetzungen mit den Eingeborenen. Doch berichten isländische Chroniken von späteren Nordmänner-Siedlungen auf dem amerikanischen Kontinent. So setzten vermutlich die Bewohner der grönländischen Westsiedlung nach dorthin über, als eine Klimaverschlechterung sie um 1250 zur Abwanderung zwang. Die letzten Hinweise auf Nordleute in Amerika gibt es für das Jahr 1358.

2

1 Die Statue Leifur Eiríkssons in Reykjavík, 1930 vom amerikanischen Volk gestiftet. – 2 Die Entdeckung Amerikas durch Leifur (Gemälde von Christian Krohg, 1893, Nationalgalerie Oslo).

Offenbar wußte auch Kolumbus von den Wikinger-Fahrten. Und manches spricht dafür, daß er schon lange vor seiner berühmten «Entdeckung» Amerikas nach Island segelte, um sich über Leifurs Vinland-Expedition zu informieren. Der norwegische Forscher Thor Heyerdahl will den Nachweis gefunden haben, daß Kolumbus als Teilnehmer einer dänisch-portugiesischen Expedition in die Gewässer zwischen Grönland und dem amerikanischen Kontinent schon früh wichtige Erfahrungen gesammelt hat. «Sie ließen ihn 25 Jahre später den richtigen Breitengrad für seine Fahrt in die Neue Welt wählen», mutmaßt Heyerdahl.

Hans Joachim Kürtz

Bis zu 25 Meter hoch ist die Fontäne des Geysirs Strokkur. Er bietet sein Schauspiel zuverlässig mehrmals pro Stunde dar – im Gegensatz zu seinem Nachbarn, dem Großen Geysir, der seine Aktivität im Jahr 1915 weitgehend eingestellt hat.

Noch heute strahlt die weite Ebene von Þingvellir, dem Ort der ersten isländischen Gesetzesversammlung, einen eigentümlichen Reiz aus.

WAS ZÄHLT IN ISLAND:
MASSE UND ZAHLEN AUF EINEN BLICK

ZEIT

In Island gilt das ganze Jahr über GMT (Greenwich Mean Time): Während der Wintermonate ist es in Island eine Stunde früher als in Deutschland, während der deutschen Sommerzeit liegt Island zwei Stunden zurück.

MASSE/GEWICHTE/TEMPERATUREN/STROM

Entfernungen werden in Meter und Kilometer angegeben, Hohlmaße in Liter, Gewichte in Gramm und in Kilogramm, Temperaturen in Grad Celsius. Die Stromspannung beträgt 220 Volt bei 50 Hertz.

TEMPOLIMIT

Innerhalb von Siedlungen beträgt die zulässige Höchstgeschwindigkeit 50, auf Schotterstraßen 80 und auf Asphaltstraßen 90 Stundenkilometer. Die Scheinwerfer müssen stets eingeschaltet sein. Im ganzen Wagen besteht Gurtpflicht.

GELD UND ZAHLUNGSMITTEL

Eine Isländische Krone hat 100 Aurar. Aurar-Münzen sind wegen ihres geringen Wertes kaum noch im Umlauf. Alle gängigen Kreditkarten werden akzeptiert, ebenso Euroschecks. Es gibt keine EC-Automaten.

TELEFONIEREN

Von Telefonzellen und Telefonämtern aus kann man per Direktwahl auch internationale Ferngespräche führen. Die Vorwahl nach Deutschland lautet 0049, nach Österreich 0043 und in die Schweiz 0041.

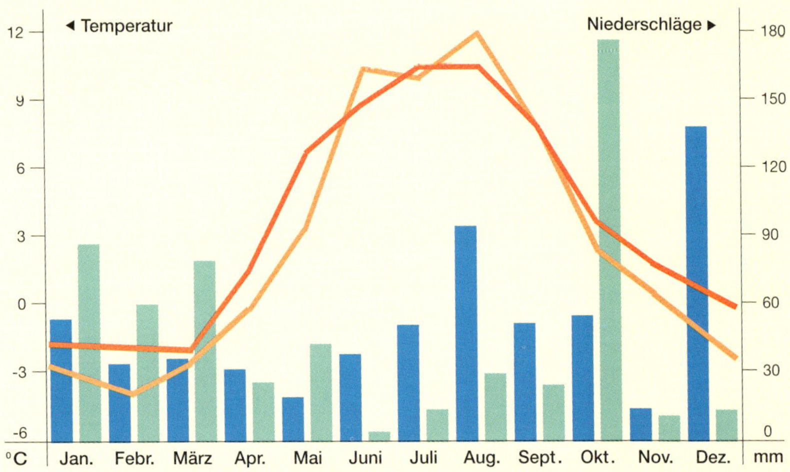

Durchschnittl. Tageshöchsttemperaturen (°C): Reykjavík, Akureyri
Durchschnittliche Niederschläge (mm): Reykjavík, Akureyri

Entfernungen in Kilometer (Inselumrundung entgegen des Uhrzeigersinns)	Vík	Selfoss	Reykjavík	Borgarnes	Ísafjörður	Akureyri	Egilsstaðir	Höfn
Vík	1387	1258	1214	1098	1352	783	511	273
Selfoss	129	1387	1344	1227	1482	912	641	402
Reykjavík	187	57	1401	1285	1539	969	698	459
Borgarnes	289	160	116	1387	1641	1072	800	562
Ísafjörður	694	565	521	405	2047	1477	1205	967
Akureyri	604	475	432	315	570	1387	1116	877
Egilsstaðir	876	747	703	587	841	271	1387	1148
Höfn	1123	994	950	834	1088	519	247	1396

Der Eis- oder Polarfuchs war zur Zeit der Besiedlung der Insel im 9. Jahrhundert das einzige landbewohnende Säugetier Islands.

Auf den Vogelfelsen der Steilküsten brüten im Mai/Juni riesige Kolonien von Eissturmvögeln und Möwen, vor allem auf der Halbinsel Reykjanes (Bild), auf den Westmänner-Inseln und auf der Snæfellsnes-Halbinsel.

Einer der in Island häufigsten Seevögel: der Papageitaucher. Die Zahl der an den Küsten brütenden Paare wird auf drei bis fünf Millionen geschätzt.

Fischerei. Ein Fangquotensystem soll den rückläufigen Fischbeständen die Möglichkeit zur Regeneration geben. Etwa 550 000 Tonnen Weißfisch, darunter die für den Export wichtigsten Arten Kabeljau, Rotbarsch und Seelachs, werden jährlich in isländischen Gewässern, rund 45 000 weitere Tonnen in der Barentsee außerhalb der Inselhoheit gefangen. Hering (117 000 Tonnen) und Lodde oder Capelin (960 000 Tonnen) verarbeitet man hauptsächlich zu Fischmehl.

ISLANDS TIERE. Ehe die Wikinger Island besiedelten, herrschte dort der Polarfuchs unumstritten als einziges Säugetier. Einst kam er wohl auf Eisschollen von Grönland, so wie die heute noch zu Stippvisiten an Land steigenden Eisbären – zuletzt wurde 1994 in Hornstrandir ein Exemplar gesichtet. Vor den Stränden tummeln sich Finn-, Buckel- und Seiwale, Delphine und Orcas neben Zwergwalen und weiteren Arten. An den Küsten räkeln sich Kegelrobben, Seehunde und – seltener – Klappmützen. Keiner dieser »Ureinwohner« ziert das Inselwappen. Über Jahrhunderte nahm diese Stelle ein Kabeljau auf blauem Grund ein, heute sind es die vier Schutzgeister des Landes, darunter ein mächtiger Ochse.
Erst mit den Menschen kamen Rinder, Schafe, Ziegen, Schweine, Pferde, Geflügel, Hunde und Katzen, aber auch Mäuse und Ratten ins Land. Der typische Island-Spitz ist als Rassehund auch außerhalb seiner Heimat gefragt. Ausgewilderte Zuchtnerze bedrohen Vogelwelt und Süßwasserfische. Die zum Ende des 18. Jahrhunderts angesiedelten Rentiere durchstreifen den Osten des Landes.
Besonders reich ist Island an Vogelarten. Streng geschützt sind der seltene Island- oder Gerfalke und die rare Schnee-Eule. Singschwäne prägen die Feuchtgebiete, und am See Mývatn (siehe Seite 75) brüten bis zu 15 verschiedene Entenarten aus Europa und Amerika. Der amerikanische Eistaucher kommt außer in Island und Grönland nirgends in Europa vor.

VEGETATION. In Island findet man etwa 470 höhere Pflanzenarten, daneben Flechten und Moose. Als erste Blütenpflanze begrüßt der Rote Steinbrech im April/Mai die wiederkehrende Sonne. Orchideen wie das Gefleckte Knabenkraut und die Westliche Kuckucksblume blühen unscheinbar im Sommer. Die Echte Mondraute, eine unauffällige Farnpflanze, ist über das ganze Land verbreitet. Geschützt sind dagegen die Einfache Mondraute, der zierliche Arktische Mohn mit rosa oder gelben Blüten und das Arktische Weidenröschen, das als eine Art Nationalblume Islands im Juli und August an Schotterbänken blüht. Scheuchzers Wollgras fängt die Herbstsonne ein, wenn auch Heidel- und Krähenbeeren sowie Birken- und Steinpilze reifen.
Auf der 1963 bei einem Vulkanausbruch entstandenen Insel Surtsey im Westmänner-Archipel verfolgen Wissenschaftler, wie die Landnahme der Pflanzen voranschreitet. Noch als das Inselinnere glühend heiß war, ließ sich Meersenf als erste Pflanze am Strand nieder.

Islands Pflanzenwelt hat sich dem rauhen Klima und den vulkanischen Böden hervorragend angepaßt: Der am Boden kriechenden niedrigen Birke können Stürme und Schneelasten nichts anhaben (1). *Bis in arktische Gefilde dringen Heidekrautgewächse vor* (2). *Als typische Erstsiedler findet man in Lavagebieten anspruchslose Polsterpflanzen* (3). *Fruchtbar und grün präsentieren sich niederschlagsreiche Gebiete ohne jungen Lavaboden, wie etwa Þórsmörk* (4).

1

2

3

4

POLITIK UND VERWALTUNG. Am 17. Juni 1944 erklärte Island seine Unabhängigkeit von Dänemark als eigenständige Republik. Dem Einkammerparlament (Alþingi) mit seinen 63 Abgeordneten, die alle vier Jahre demokratisch gewählt werden, steht ein Ministerpräsident vor. Als Staatsrepräsentant wirkt ein Präsident ohne politische Befugnis. Die Bezirksverwaltung liegt bei den über zweihundert Gemeinden. Island ist Gründungsmitglied der NATO, der OECD und des Europarates und Mitglied der (Rest-)EFTA, der Europäischen Freihandelsassoziation. Im Jahr 1993 trat Island dem Europäischen Wirtschaftsraum (EWR) bei.

SPRACHE. Die Landessprache ist Isländisch (siehe Seite 66). Mit Englisch, häufig auch mit Deutsch, kommt man – zumindest in größeren und in touristisch erschlossenen Orten – gut zurecht, während Dänisch, an den Schulen als erste Fremdsprache unterrichtet, den Isländern nur schwer über die Lippen geht.

PHANTASIEVOLL UND TRADITIONSBEWUSST

Die isländische Sprache

Isländisch, die seit mehr als tausend Jahren beinahe unverändert erhaltene Sprache der Wikinger, ist wohl eine der demokratischsten Sprachen der Welt: Moderne, internationale Begriffe werden nur als für alle verständliche Umschreibung ins Isländische aufgenommen.

König Harald und der Riese Dofri (Schmuckinitiale aus der Flateyjarbók, um 1387).

Gleich der erste neugierige Blick in eine isländische Zeitung ruft bei Ausländern ungläubiges Staunen hervor: Es gibt kein einziges Wort, abgesehen von Eigennamen, an dem man ansetzen und sich den Kontext zusammenreimen könnte. Das hängt mit der isländischen Eigenheit zusammen, keine Fremdwörter in die Sprache aufzunehmen, sondern für jeden Begriff aus einer fremden Umgangs- oder Fachsprache eine isländische Umschreibung oder sogar eine Übersetzung zu finden.

Internet heißt zum Beispiel *veraldarvefur*, so als würde man im Deutschen den Begriff «Universum-Gewebe» schaffen. Operation heißt *uppskurð*, «Auf-Schnitt», und Mobiltelefon *farsími*, «transportabler Draht», wenn es auch drahtlos ist. Das mag sich naiv anhören, hat aber den Vorteil, daß es zumindest auf sprachlicher Ebene in Island keine sozialen Unterschiede geben muß – alle können alles verstehen, niemand muß an einer kopflastigen Fachsprache scheitern.

Die uralte Sprache der Wikinger, auf die auch Dänisch und Schwedisch zurückgehen, hat sich durch die isolierte Insellage in Island erhalten. Es fällt Schulkindern nach einiger Übung nicht schwer, die Saga-Handschriften im Original zu lesen. Ältere Leute haben keine Probleme, hypermoderne technische Begriffe zu verstehen, weil diese sich durch die Übertragung ins Isländische den Denkstrukturen ihrer Sprache anpassen.

Ist Isländisch also eine demokratische Sprache? Jedenfalls vermittelt sie zwischen den Generationen, ebnet den Isländern den Weg zu hohem Lebensstandard und zu ihren Büchern, weil eine Sprache, die alle verstehen, keine Berührungsängste vor Neuerungen aufkommen läßt.

Ein wissenschaftlicher Ausschuß wacht darüber, daß die isländische Sprache fremdwortfrei bleibt. Dennoch hat auch das Isländische seine kleinen «Insider-Zonen»: Jugendliche, Intellektuelle, Seeleute und Spezialisten jeder Art benutzen, allen offiziellen Wortschöpfungen zum Trotz, ihr eigenes Sprachgemisch aus ausländischen und einheimischen Begriffen. Vieles davon hat nur Zeitwert, manches geht würzend in die Gegenwartsliteratur ein und verhilft so der tausend Jahre alten Wikingersprache zu moderner Lebendigkeit. *Gudrun M. H. Kloes*

Oben: Am Hvalfjörður. Von der Ringstraße Nummer 1, die rund um Island führt, eröffnen sich wundervolle Aussichten auf die verschiedenen Landschaften der Insel und aufs Meer.

DATEN DER ISLÄNDISCHEN GESCHICHTE

Das geologisch junge Island – die ältesten Gesteine stammen aus dem Tertiär – besitzt, wie sonst kaum ein Land, genaue Kenntnis seiner Besiedlungsgeschichte.

Um 870 erste Nordmänner auf Island.

874 Ingólfur Arnarson siedelt auf Island.

870–930 Haupteinwanderungswelle (sogenannte Landnahmezeit).

930 Gründung des «Althings», der Nationalversammlung, die jährlich im Sommer in Þingvellir zusammenkam.

930–1030 Saga-Zeit, in der die Helden der späteren Geschichtsepen lebten.

1000 Übernahme des Christentums. Der Wikinger-Sohn Leifur Eiríksson segelt als erster Europäer nach Nordamerika.

12. und 13. Jahrhundert Literaturepoche; die Sagas, aber auch juristische Werke werden niedergeschrieben.

1230–1264 Einflußreiche Distrikthäuptlinge (Goden) und ihre Sippen kämpfen um die Vormacht. Island gerät unter norwegische Abhängigkeit. Niedergang der Nationalversammlung.

1380 Norwegen und Island werden dänische Kolonien.

1602 Beginn des dänischen Handelsmonopols.

1662 Anerkennung des dänischen Monarchen als Herrscher über Island.

1800 Auflösung des Althings.

1843 Als beratende Institution wird das Althing erneut eingesetzt. Die bürgerliche Freiheitsbewegung blüht.

1904 Island erlangt die Selbstverwaltung.

1918 Souveränität unter dänischer Hoheit.

1940/41 Besetzung durch britische, später durch amerikanische Truppen.

1944 Proklamation der Republik Island in Þingvellir.

1952–1975 Schrittweise Ausdehnung der Fischereizone von vier auf 200 Seemeilen, die sogenannten «Kabeljaukriege».

1980 Vígdis Finnbogadóttir wird zur Staatspräsidentin gewählt und ist damit das erste demokratisch gewählte weibliche Staatsoberhaupt Europas.

Rechts oben und unten: In Reykjavík. Großstadtleben ohne Hektik und Abgase – einer der vielen Vorzüge der nördlichsten Hauptstadt der Welt.

1984 Einführung von Höchstfangquoten in der Fischerei.

1986 Treffen von Michail Gorbatschow und Ronald Reagan im Höfði-Haus in Reykjavík.

1992 Vígdis Finnbogadóttir wird zum vierten Mal als Präsidentin wiedergewählt.

AUSKUNFT

INFORMATIONSÄMTER: *Isländisches Fremdenverkehrsamt*, Carl-Ulrich-Straße 11/City Center, 63263 Neu-Isenburg, Tel. 0 61 02 / 25 44 84, Fax 0 61 02 / 25 45 70.
Tourist Information Center Reykjavík: Bankastræti 2, 101 Reykjavík, Tel. 0 03 54 / 5 62 30 45, Fax 0 03 54 / 5 62 30 57.

BOTSCHAFT: *Botschaft der Republik Island*, Kronprinzenstraße 6, 53173 Bonn, Tel. 02 28 / 36 40 21 / 22, Fax 02 28 / 36 13 98.

WEITERE INFORMATIONEN: *Iceland Tourist Board* (Ferðamálaráð Islands), Lækjargata 3, Gimli, 101 Reykjavík, Tel. 0 03 54 / 5 52 74 88, Fax 0 03 54 / 5 62 47 49.
Icelandair: Roßmarkt 10, 60311 Frankfurt/M., Tel. 069 / 29 99 78, Fax 069 / 28 38 72.

ANREISE

Bei einem Aufenthalt bis zu drei Monaten genügt für Reisende aus Deutschland, Österreich und der Schweiz der Personalausweis oder ein Reisepaß. Der internationale Flughafen Keflavík liegt eine halbe Fahrstunde von Reykjavík entfernt und wird von *Icelandair* (ab Luxemburg, Hamburg, Amsterdam und anderen ganzjährig, sowie zusätzlich im Sommer ab Frankfurt, Köln, Paris, Zürich, Wien), aber auch von *Lufthansa* (Sommermonate, ab Frankfurt), *LTU* (Sommermonate, ab Berlin, Frankfurt, Köln, Hamburg) und *SAS* angeflogen. Die isländische Chartergesellschaft *Air Atlanta* unterhält Sommerflugverbindungen ab Frankfurt/M., Köln, München, Berlin, Zürich und weiteren europäischen Städten.
Ebenfalls nur im Sommer verkehrt die färöische *Smyril Line* einmal wöchentlich zwischen Esbjerg, Bergen und/oder den Färöer-Inseln nach Seyðisfjörður in Ostisland. Auskunft: Norröna Travel, Laugavegur 3, 101 Reykjavík, Tel. 0 03 54 / 5 62 63 62, Fax 0 03 54 / 5 52 94 50.

KLEINE NAMENSKUNDE

Mit ganz wenigen Ausnahmen gibt es in Island keine Familiennamen. Das Patronym, der Vatername, ergänzt den Rufnamen einer Person.
Dazu ein Beispiel: Anna und Jón – heute zwei der beliebtesten Namen – haben zwei Kinder. Wir wollen sie Guðrún und Gunnar nennen, bekannte Namen aus den Sagas. Die Tochter von Jón, Guðrún Jónsdóttir, *heißt* nicht so, sie *ist* Jónsdóttir. Gunnar Jónsson *ist* der Sohn von Jón. Seine Kinder könnten Þór Gunnarsson, Þór »Sohn von Gunnar«, oder Ósk Gunnarsdóttir, Ósk »Tochter von Gunnar«, heißen. Auch Þór und Ósk sind übrigens sehr populäre Namen. Ósk behält nach ihrer Heirat den Vaternamen Gunnarsdóttir bei, denn sie bleibt ja zeit ihres Lebens Tochter ihres Vaters. So ist es falsch, jemanden mit »Herr Jónsson« anzusprechen. Als korrekte Anrede auch für Fremde gilt der Vorname in Kombination mit dem »Du«, weshalb das isländische Telefonbuch nach Vornamen sortiert ist!

REISEN IN ISLAND

Island verfügt über ein gut ausgebautes Straßensystem. Eine Ringstraße führt rund um die Insel, doch ist Asphaltbelag vor allem im Landesosten und auf Nebenstrecken rar. Dort findet man, ebenso wie im Landesinneren, meist einspurige Schotterstraßen und -pisten vor. Hochlandpisten sind selten vor Anfang bis Mitte Juli geöffnet und bis auf zwei (F 37 und F 550) wegen unüberbrückter Flüsse keinesfalls mit dem PKW zu befahren! Zahlreiche Leihwagenfirmen gibt es in Reykjavík und mehreren größeren Orten sowie am Flughafen Keflavík.

Auf der Ringstraße und einigen Nebenstrecken verkehren täglich Linienbusse. Fähren verbinden Reykjavík/Akranes, Stykkishólmur/Brjánslækur, Dalvík/Hrísey, Akureyri/Grímsey und die Westmänner-Inseln mit Þorlákshöfn, sowie die Wanderregion Hornstrandir mit Ísafjörður.

Das Flugzeug stellt in Island ein wichtiges öffentliches Verkehrsmittel dar. Mehrere Fluggesellschaften fliegen Orte in fast allen Landesteilen an. Ganzjährige Inlandflug-Pakete (wie etwa »Fly as you please« und der Island-Flugpaß) sind über Icelandair zu buchen. Rundflüge per Kleinmaschine und/oder Hubschrauber starten ab Reykjavík, den Westmänner-Inseln, Vík, Akureyri, Mývatn, Ísafjörður und Egilsstaðir.

REISEZEIT UND KLEIDUNG

Das maritime Klima wird günstig vom Golfstrom beeinflußt. Es ist in Island deshalb nicht so kalt, wie die nördliche Lage vermuten ließe. Im Sommer wird es durchaus bis zu 20 Grad Celsius warm, und im Winter sinken die Temperaturen kaum unter den Gefrierpunkt.

Das Beständigste am isländischen Wetter ist seine jedoch Unbeständigkeit: Innerhalb einer Viertelstunde, sagt man auf Island, kann das Wetter umschlagen! Daher sind Windjacke, Mütze, Handschuhe, warme Unterwäsche und feste Schuhe

1

2

ganzjährig unerläßlich, aber auch Badezeug sollte man nicht vergessen! Die populärste Reisezeit sind die Monate Juni bis August, wenn die hellen, sonnigen Nächte ihren Zauber entfalten. Wachsender Beliebtheit erfreuen sich Vor- und Nachsaison-Angebote – Hotelreisen im Frühjahr, Besuche beim Schaf- und Pferdeabtrieb im Herbst –, aber auch Wintertouren: zum Jahreswechsel unter dem Nordlicht oder per Jeep in die stille, verschneite Bergwelt.

GESUNDHEIT

Reines Trinkwasser aus der Natur und saubere Luft – um die Grundlagen für das Wohlbefinden braucht man sich in Island nicht zu sorgen. Vorbeugende Impfungen sind für eine Islandreise nicht erforderlich. Zahlreiche Landkliniken und Gesundheitszentren mit skandinavischem Standard sind für die ambulante Versorgung zuständig, dort gibt es jeweils auch Zahnärzte und Apotheken. In der Landesklinik Reykjavík werden auch komplizierte Operationen durchgeführt.

ÜBERNACHTUNG

Vom Luxushotel in Reykjavík bis zum romantischen Zeltplatz am Fuß eines gewaltigen Wasserfalls ist alles zu haben. Die Hotelpreise variieren zwischen Winter und Sommer. In Kombination mit einem Icelandair-Flug gibt es sehr günstige Wintertarife für »Feines Wohnen in Reykjavík« in den Scandic-Hotels *Esja* und *Loftleiðir*. Kleinere Hotels und solide Gästehäuser finden sich in den meisten Landgemeinden, oft haben sie ganzjährig geöffnet. Eine Liste des Hotel- und Gaststättenverbandes gibt es über das Fremdenverkehrsamt (siehe Seite 67), ebenso Verzeichnisse der Jugendherbergen und Campingplätze.

Wildes Zelten ist – außerhalb der Naturschutzgebiete – nicht verboten, wird aber nicht gern gesehen. Ein besonderes Phänomen sind Schlafsackunterkünfte, teils in Zimmern, teils als Matratzenlager. Auch Hotels der Touristenklasse wie die *Edda-Hotels* bieten diesen Service für Gäste mit eigenem Schlafsack. *Islandferien auf dem Bauernhof* werden immer beliebter wegen der zahlreichen angebotenen Aktivitäten wie Angeln, Reiten, Golf und Wandern. Meist sind auch typische Mahlzeiten erhältlich. Ein Verzeichnis gibt es bei *Ferðaþjónusta bænda*, Hafnarstrati 1, 101 Reykjavík. Einer der schönsten Ferienbauernhöfe ist Húsey im Schwemmland des Gletscherflusses Jökulsá á Dal. Die vielen isländischen Berghütten werden von zwei Wandervereinen (siehe Seite 71) getragen und sind nur selten bewirtschaftet.

ESSEN UND TRINKEN

Dank einer vielseitigen Landwirtschaft und Importen von beiden Seiten des Atlantiks fehlt es in Island an nichts. Meeresfrüchte sind die wichtigste einheimische Spezialität. Es gibt sie praktisch überall: An den Raststätten als »Schellfisch Orly«, in den Restaurants bekommt man alles von Hering über Salzfisch zu Lachs, Saibling, Seeteufel, Katfisch, Lengfisch,

3

Scholle, Garnelen, Scampi und Muscheln, und in jedem Lebensmittelladen wird Trockenfisch verkauft (der beste stammt vom Schellfisch *ýsa*). *Hákarl* (fermentierter Hai) wird gern zum *Þorrablót* (Winterfest) gegessen; er zeichnet sich durch beißenden Ammoniakgeruch aus. Wal gibt es nur in einem Restaurant: *Þrír Frakkar hjá Úlfari*, Baldursgata 14, Reykjavík. Isländisches Lammfleisch *(lambakjöt)* erinnert im Geschmack an Wild; die Tiere grasen den ganzen Sommer in den Bergen und werden im Herbst geschlachtet. Die beliebten Milchprodukte schmecken vorzüglich; *skyr* ist eine quarkähnliche Spezialität, die schon die alten Wikinger genossen und die heute noch zu vielen Gelegenheiten serviert wird. Das typische Getränk Islands ist Kaffee *(kaffi)*. Im Preis für eine Tasse ist fast immer Nachschlag enthalten. *Brennivín* (ein Kümmel) und weiche Wodkasorten (wie *Icy* oder *Eldurís*) werden im Land selbst gebrannt. Es gibt sie – außer im Duty-free-Laden in Keflavík – in den ÁTVR-Verkaufsstellen des Alkohol- und Tabakmonopols, vorausgesetzt, der Käufer ist mindestens 20 Jahre alt.

Bei Stykkishólmur.

1 *Kilometerweit erstrecken sich die Halden leerer Muschelschalen, die die Fischer nach der »Ernte« an den Küsten auftürmen, damit sie das Meer wieder zurückholt.*

2 *Getrocknete Kabeljauköpfe. Sie werden zu Fischmehl verarbeitet.*

3 *Auf Bergpässen und entlang einsamer Küstenabschnitte – wie hier bei Dritvík auf der Halbinsel Snæfellsnes – bieten diese signalbunt gestrichenen Notfallhütten Schutz vor Kälte und Unwetter.*

HEIZEN MIT DEM VULKAN: ENERGIEGEWINNUNG IN ISLAND

Island ist auf dem Sektor der Gebäudeheizung und Stromversorgung autark. 86 Prozent der Heizenergie stammen aus Geothermal-, also aus natürlichen Heißwasserquellen, der Rest wird bis auf einen Bruchteil durch Strom aus Wasserkraftwerken erzeugt. Schätzungsweise 64 000 Gigawattstunden, also 64 000 Millionen Kilowattstunden!, Strom pro Jahr ließen sich in den Turbinen der Stauseekraftwerke erzeugen. 1995 waren es tatsächlich nur 4950 Gigawattstunden. Die Kapazität der Geothermalquellen ist erneuerbar, das heißt so gut wie unerschöpflich – jedenfalls solange es auf dieser Welt regnet: Erdwarmes Wasser ist am Rand der unterirdischen Magmakammern aufgeheiztes Regenwasser, das in den Sprüngen und Spalten der Erdkruste wieder emporsteigt. Es löst Mineralien und verströmt daher häufig Schwefelgeruch. Die ausgenutzte Heißwassermenge entsprach 1995 rund 5000 Gigawattstunden, wobei Bohrungen bis zu 3000 Meter Tiefe durchgeführt wurden, nach denen das Wasser dann mit etwa 120 Grad Celsius an die Oberfläche drängt. Seine ungeheuren Energievorräte lassen Island vom Stromexport via Seekabel träumen, denn der Inland-pro-Kopf-Verbrauch liegt bei »nur« 18 265 Kilowattstunden (1995).

SPORTLICHE AKTIVITÄTEN

ANGELN UND JAGEN. Angellizenzen kosten zwischen 20 DM pro Tag für Saibling und 2500 DM pro Tag für Lachs. Im Winter wird durch die Eisdecke von Binnenseen geangelt. Angelgerät muß vor der Einfuhr desinfiziert werden. Mit Jagdschein kann man in der Saison Jagd auf Graugänse (Mai und September), Schneehühner (15. Oktober bis 23. Dezember) und Rentiere (Oktober/November) machen. Schußwaffen unterliegen einer Meldegenehmigung, die über die Isländische Botschaft erhältlich ist.

Die Isländer sind leidenschaftliche Reiter, aber auch bei den Touristen wird der Urlaub zu Pferd immer beliebter.

RADFAHREN. Fahrradtouren in der menschenleeren, unberührten Natur Islands können unvergeßlich schöne Ferienerlebnisse werden. Doch sind ein gutes Rad und guter Wille in Island nicht alles: Der ständige Wind, unbefestigte Straßenabschnitte, endlose Steigungen und dichter Verkehr im Sommer erschweren das Radeln auf der Ringstraße, im Hochland kosten Lavapisten und unüberbrückte Flüsse Kraft. Eine empfehlenswerte Alternative stellen organisierte Radtouren bis zu 14 Tagen mit Gepäcktransport dar, die über stillere Pfade führen und teilweise von einem Versorgungsfahrzeug begleitet werden. An zahlreichen Orten können Räder gemietet werden.

REITEN. Island ist wie geschaffen für Pferde und Reiter: Isoliert liegende Höfe haben genug Platz für Ausritte, und das unbewohnte Hochland begeistert die Naturfreunde zu Pferd wie eh und je durch das rauhe, ursprüngliche Gelände. Dort liegen die Übernachtungsorte weit verstreut, und damit besteht die Notwendigkeit, Pferde zum Wechseln und Packpferde mitzunehmen. Eingesessene Reitveranstalter bieten mehrtägige bis halbmonatige Reittouren an. Reitbekleidung und anderes, was mit Pferden in Berührung kommt, muß vor der Einfuhr nach Island desinfiziert werden (siehe auch Seite 73).

RIVER RAFTING. Organisierte Tagesfahrten per Schlauchboot führen die Gletscherflüsse Blanda in Nordisland und Hvítá in Südisland hinab. Zusätzlich zur Wildwassertour kann man sich in der Hvítá einer Mutprobe unterziehen und von einem sieben Meter hohen Felsabsatz in die gurgelnden Fluten springen!

SKILAUFEN. Gut ausgebaute Skigebiete mit Liften und Pisten für alle Ansprüche liegen im Massiv Bláfjöll (elf Lifte, tägliche Busverbindung ab Reykjavík), bei Ísafjörður, Akureyri (Lifte bis in 1000 Meter Höhe, Loipe), Húsavík und Siglufjörður. Sie sind meist ab Januar bis ins Frühjahr geöffnet und werden während der kurzen Wintertage mit Flutlicht erhellt. Inlandüberquerungen per Langlaufski mit Expeditionscharakter werden für kleine Gruppen im März und April durchgeführt. Im Sommer ist das Skigebiet Kerlingarfjöll im Zentralhochland geöffnet. Großer Beliebtheit erfreuen sich die sonnigen Abfahrten von den Gletschern Mýrdalsjökull, Langjökull, Snæfellsjökull und Vatnajökull.

WALBEOBACHTUNG. Seit 1989 werden bei Island keine Wale mehr gefangen. Eine Abteilung des Isländischen Meeresforschungsinstitutes registriert die rund um die Insel gesichteten Tiere und verfügt mittlerweile über eine reichhaltige Datenbank einschließlich Erkennungsfotos. Mit etwas Glück kann man Orcas, Delphine und Zwergwale auf einer Tour mit einem umgebauten Fischerboot ab Húsavík, Grindavík und ab Höfn beobachten.

WEGLOS DURCH UNBERÜHRTE NATUR

Wandern in Island

Die herbe Schönheit der isländischen Landschaft erschließt sich am besten dem, der zu Fuß geht – allein oder im Rahmen einer geführten Tour.

Meist wandert man in Island im weglosen Terrain. Berghütten sind schlicht und meist auf Selbstversorger eingerichtet. In den National- und Naturschutzparks sowie an sehr beliebten, touristisch voll erschlossenen Orten sind allerdings im Sommer Hüttenwärter tätig. Auch diese bewirtschafteten Hütten bieten nur selten Einkaufsmöglichkeiten, häufig aber den für Bergsteiger seltenen Luxus eines Badebeckens mit naturwarmem Wasser! Rettungshütten auf Bergpässen und entlang der Küste dürfen nicht ohne zwingenden Grund zum Übernachten benutzt werden. Alle dort deponierten Gegenstände wie Heizmaterial usw. sind tabu, da sie im Ernstfall Leben retten helfen.

Im unbewohnten Hochland erfordern unüberbrückte Flüsse große Umsicht; sie sind kalt, oft trüb und reißend. Hier ist ein Stock zum Vortasten unerläßlich. Rauhe Lavafelder lassen sich kaum überqueren, glatte Flußlava weist Spalten und manchmal Höhlen auf. Wassermangel kennzeichnet die Lava- und Sandwüsten. Die klare Luft Islands macht es schwierig, Entfernungen einzuschätzen – vieles wirkt näher als es ist. Ohne gute Landkarten sitzt man Täuschungen auf. Auch auf den Kompaß ist nicht unbedingt Verlaß: Die Nähe zum Pol bewirkt eine Abweichung zwischen 24 und 17 Grad von West nach Ost. Zudem kann die lokale, magnetische Ausrichtung der Lavafelder Einfluß auf den Richtungsmesser haben.

Für weniger wagemutige und unerfahrenere Wanderer gibt es vielerorts markierte Routen. Ideale Gebiete für Tageswanderungen stellen das Aufforstungsgebiet *Heiðmörk* am südöstlichen Stadtrand von Reykjavík dar, ebenso wie das Vulkanmassiv *Hengill* bei Hveragerði, wo an einigen Stellen warme Bäche zum Fußbad einladen. Im Nationalpark *Skaftafell* gibt es abwechslungsreiche Wanderpfade im Gletschervorfeld, die bis an das Eis heranführen. Um den See *Mývatn* erweisen sich die schmalen Stege als wahre Lehrpfade in Sachen Vulkanismus. Ebenfalls markiert ist eine Tagesstrecke vom lieblichen Naturschutzgebiet *Þórsmörk* im Süden über den etwa 1100 Meter hohen Paß Fimmvörðuháls zwischen den Gletschern Eyjafjalla- und Mýrdalsjökull bis nach Skógar in Küstennähe; wer es bequem liebt, wählt den Abstieg entlang der Piste, der interessantere Weg verläuft jedoch entlang des Flusses Skógá: Hier trifft man auf viele Wasserfälle, deren größter der etwa 60 Meter hohe Skógafoss ist. Der Fluß Skógá sollte nicht gefurtet werden; es gibt eine Wandererbrücke flußabwärts von der Paßhütte aus gesehen.

Vier bis fünf Wandertage nimmt die populäre Strecke *Laugavegur* zwischen Landmannalaugar und Þórsmörk in Anspruch; Hüttenplätze müssen beim Wanderverein Ferðafélag im voraus gebucht werden. In diesem Gebiet mit heißen Schwefelquellen schaffen Restschnee und Erdwärme oft bezaubernde Eishöhlen. Alle genannten Strecken stellen für geübte, mutige Wanderer bei gutem Wetter keine nennenswerten Probleme dar.

Abenteuerlustigen und einsamkeitsliebenden Wanderern sei die verlassene Region *Hornstrandir* in den Westfjorden ans Herz gelegt – ein Naturschutzgebiet von einmaliger, herber Schönheit mit Zeugen ehemaliger Besiedlung und teils markierten Routen! Man erreicht sie mit dem Boot von Ísafjörður.

1

2

1 *Die »dunklen Berge« Dimmuborgir, bizarr geformte Lavafelsen, entstanden bei den Ausbrüchen der nahegelegenen Þrengslaborgir-Krater vor etwa zweitausend Jahren.*

2 *Bei einer Wanderung über die Ebene von Þingvellir stößt man in der Nähe des Lögbergs auf die Kaskaden des Flusses Öxará.*

3 *Gut ausgestattete Zeltplätze, wie hier in Hveravellir, bilden in Island die besten Stützpunkte für ausgedehnte Wanderungen.*

Zwei Wandervereine, Ferðafélag und Útivist (beide in Reykjavík), führen rund ums Jahr Touren im ganzen Land durch, auch mehrtägige Hochlandtouren. Überwiegend von Isländern frequentiert, ist dies eine der empfehlenswertesten Gelegenheiten, mit Land und Leuten bekanntzuwerden. *Gudrun M. H. Kloes*

3

SOUVENIRS

Strickwaren, allen voran der handgefertigte Islandpullover, den es in Naturfarben oder kunterbunt gibt, findet man überall. Lokale Handwerkskooperativen betreiben vielerorts Kunstgewerbeläden mit Töpferwaren, Schnitzereien, Knöpfen aus Rentierhorn oder auch Taschen aus gegerbter Fischhaut. In Reykjavík gibt es gut ausgestattete Läden mit einer breiten Auswahl von Kunsthandwerk wie *Rammagerðin* oder *Thorvaldsens Basar*, dessen Erlöse einer Stiftung zufließen. Gefäße aus einheimischen Hölzern (auch aus Treibholz!) gibt es ebenso wie modernen Schmuck am Skólavörðustígur in Reykjavík. Am Flughafen Keflavík kann man im gut sortierten *Icemart* noch kunstgewerbliche oder kulinarische Mitbringsel erwerben. Man sollte allerdings keinesfalls ausgestopfte Papageitaucher kaufen, sie fallen bei der Einfuhr nach Deutschland unter das Artenschutzgesetz! Bei einer Einkaufssumme von mehr als 5000 Kronen wird die Mehrwertsteuer am Flughafen Keflavík zurückerstattet: Quittung aufheben und die Ware vor Abreise in versiegelter Verpackung vorweisen.

LITERATURTIPS

Die folgenden Tips stellen eine sehr persönliche kleine Auswahl aus der Fülle der in deutscher Sprache erhältlichen Island-Literatur dar.

Eine sehr hilfreiche Broschüre *Reisen im isländischen Hochland* ist über das Fremdenverkehrsamt erhältlich. Regionale Wanderführer von Einar Þ. Guðjohnsen erscheinen unter dem Titel *Island – Wanderland* (Verlag Víkingur, Reykjavík, 6 Bände, 1996). Über Islands Gletscher schreibt Ari Trausti Guðmundsson in *Eisvisionen – Die Gletscherwelt Islands* (Fotos von Ragnar Th. Sigurðsson, Verlag Ormstunga, Reykjavík 1995). Für Pferdefreunde empfiehlt sich Úlfur Friðrikssons *Sagenhafte Islandpferde. Legenden, Geschichten und Gedichte um Islands Rosse und Reiter* (Franckh-Kosmos Verlag, Stuttgart 1994).

Lyrik verlegt der Kleinheinrich Verlag für Kunst, Literatur und Wissenschaft in Münster, die Romane des Literatur-Nobelpreisträgers Halldór K. Laxness bringt der Steidl Verlag in Göttingen heraus. Einige Sagas liegen im Diederichs Verlag, München, in der Sammlung Thule vor.

Spannend lesen sich die Bücher von Einar Kárason, darunter *Die Teufelsinsel* (Eichborn Verlag, Frankfurt/M. 1993). Im Verlag Iceland Review in Reykjavík erscheint monatlich das englische Magazin *The Iceland Reporter*. Internet informiert unter http://www.centrum.is/icerev/.

SEHENSWERTE ORTE VON A BIS Z

AKUREYRI ①. Die »Hauptstadt des Nordens« schmiegt sich hübsch an das Ufer des Fjordes Eyjafjörður. Sehenswert sind der *Botanische Garten* und das *Nonnahús:* Es ist dem Andenken Jón Sveinssons gewidmet, dem Verfasser der weltberühmten, in vierzig Sprachen übersetzten autobiographischen »Nonni«-Bücher. Neben der *historischen Kirche* aus dem 19. Jahrhundert befindet sich das *Akureyri Museum*. Reges kulturelles Leben entwickelt sich in *Listagil* unterhalb der modernen Kirche. Akureyri ist Anlegehafen großer Kreuzfahrtschiffe und Ausgangspunkt für vielfältige Wanderungen und Skiunternehmungen im bergigen Hinterland. *44, 71*

Wahrzeichen Akureyris: die moderne Kirche.

BLAUE LAGUNE ②. Das hellblaue Wasser dieses einzigartigen Badeortes auf der Halbinsel Reykjanes, der sich zwischen einem Wärmeaustauschwerk und tiefschwarzer Lava erstreckt, rührt von Mineralien her, denen eine heilende Wirkung bei Hautleiden zugesprochen wird. Das ganzjährig geöffnete Bad ist ein beliebtes Ausflugsziel. *20/21*

BÚÐIR ③. Siehe Kasten rechts. *54, 72*

DALVÍK ④. Auch das rund 1500 Einwohner zählende Dalvík verfügt über ein ausgezeichnetes Warmwasser-Schwimmbad. Der Ort stellt einen günstigen Ausgangspunkt für Wanderungen in das fast alpine Tal Svarfaðardalur oder nach Ólafsfjörður dar, sowie für Bootsfahrten zu den Inseln Hrísey und Grímsey. Grímsey liegt bereits am Polarkreis; von diesem nördlichsten Punkt Islands läßt sich die Mitternachtssonne besonders gut beobachten. 1934 wurde Dalvík von einem der – mit 7,2 auf der Richterskala – heftigsten je in Island verzeichneten Erdbeben erschüttert. Das Heimatmuseum dokumentiert dies eindrucksvoll.

1

2

3

EGILSSTAÐIR ⑤. Siehe Seite 77.

EYRARBAKKI UND STOKKSEYRI ⑥ sind zwei benachbarte Dörfer, die einen sehenswerten Bestand älterer Gebäude aufweisen. In dem heute etwa 550 Einwohner zählenden Eyrarbakki steht das 1765 erbaute *Húsið* (Haus), stilgerecht instand gehalten und zu besichtigen, umgeben vom ältesten Flutdamm des Ortes. Hier gibt es auch ein sehenswertes *Seefahrtsmuseum*. Östlich von Stokkseyri (etwa 430 Einwohner) liegt an der malerischen Lavaküste die alte Meierei *Baugstaðir* mit ihrem Wasserrad, die heute Museum ist. Im Dorf selbst sollte man die historische Grassoden-Hütte *Þuriðarbúð* besichtigen, die ehemalige Mannschaftsunterkunft der Kapitänin Þuriður (1777–1863).

ABENDESSEN AM FUSS DES ZAUBERBERGS

»Da, wo der Gletscher sich von der Luft abhebt, hört das Land auf, irdisch zu sein«, ... und dort liegt das Hotel Búðir zwischen einem Lavafeld und gelbem Strand zu Füßen des mystischen Gletschers Snæfellsjökull. Es hat 22 gemütliche Ein- bis Vier-Personen-Zimmer und ist vor allem für seine hervorragende Küche bekannt: fangfrischen Fisch mit einheimischen Wildkräutern und – je nach Saison – Wild. In dem romantischen Restaurant vergißt man die Zeit, an der Bar mit großartigem Naturpanorama den Rest der Welt. Alles auf den Augenblick schrumpfen zu sehen ist zwar eine knapp dreistündige Autoanfahrt ab Reykjavík wert, aber warum nicht hinschweben? Vom Flughafen Reykjavík geht es im Sommer täglich um 17 Uhr in 40 Minuten über die Bucht Faxaflói direkt nach Búðir, Landung am Strand.

GJÖGUR ⑦. Zweimal wöchentlich landen kleine Linienmaschinen auf der gut ausgebauten Piste des ehemaligen Haifangzentrums Gjögur, das heute nur eine Handvoll Häuser aufweist. Zwischen Landebahn und Meeresbrandung schiebt sich ein Felsband, in dem warme Quellen entspringen. Dort liegt ein natürliches, durch ein Mäuerchen befestigtes *Sitzbadebecken* in herrlicher Umgebung. Übernachten kann man im etwa 13 Kilometer entfernten, stimmungsvollen *Hotel Djúpavík*, dem ehemaligen Frauenwohnheim des 1954 verlassenen Heringsfangortes; von hier aus bieten sich auch schöne Wandermöglichkeiten. Auch Führungen durch die stillgelegte *Heringsfabrik* sind möglich.

GRÍMSEY ⑧. Siehe **DALVÍK.**

HAFNARFJÖRÐUR ⑨, zu Anfang des 15. Jahrhunderts englisches Handelszentrum, stand von 1480 bis 1602 im Zeichen der Hansekaufleute. Heute bilden Fischerei und Fischverarbeitung neben Handwerk und Kleinindustrie die Haupterwerbszweige dieses mit 17 200 Einwohnern drittgrößten Ortes auf Island. Die wichtigste Industrieanlage Islands, die Aluminiumhütte Straumsvík, liegt am Ortsrand. Der alte Stadtkern um den Hafen ist reizvoll in die Lava gebaut; hier leben außerdem, so sagen Hellsichtige, allerhand unsichtbare Geschöpfe, worüber ein Elfenstadtplan weiteren Aufschluß gibt (siehe Seiten 52/53). Etwas derber geht es im Wikinger-Lokal *Fjörukráinn* in Hafennähe zu. Ein *Seefahrtsmuseum* und ein kleines *Fernmeldemuseum* liegen ebenso wie gute Restaurants und das Kulturzentrum *Hafnarborg* ganz in der Nähe.

HEIMAEY ⑩. Siehe Seite 78. *49, 72*

1 *Grüne Oase in der Lavawüste: Im Naturschutzgebiet um Herðubreiðarlindir schaffen die Wasser des Flusses Lindaá Lebensraum für viele Pflanzen und Tiere.*

2 *Bei Búðir auf der Halbinsel Snæfellsnes. Von hier aus kann man eindrucksvolle Touren, wie etwa zu den Vogelfelsen unternehmen.*

3 *Steile Klippen schützen den Hafen von Heimaey, einer der Westmänner-Inseln.*

Im Gelände scheuen Islandpferde weder vor rauhem Boden, Steilhängen, noch vor reißenden Flüssen zurück. Es gibt im Gletschervorland der Südküste sogar wahre «Wasserpferde», die Flußfurten wittern und an tiefen Stellen sicher hinüberschwimmen. Mit Stollen können die genügsamen, ausdauernden Last- und Reittiere auch Gletscher erklimmen. Deshalb nahm der deutsche Forscher Alfred Wegener, Entdecker der Kontinentalverschiebung, Islandpferde zu einer Grönlandexpedition mit.

Mit einem Stockmaß von rund 135 Zentimetern wirken sie zwar nicht überragend, aber die zähen Tiere tragen auch schwere Reiter, wenn diese nur oft genug umsatteln. Dank ihres ausgeglichenen Charakters sind die «Isländer» zuverlässige Familienpferde. Sie leisten heute einen wichtigen, ständig wachsenden Beitrag zum Tourismus, angefangen mit stundenweisen Ausritten auf den «Islandferien»-Bauernhöfen bis hin zu traditionsverbundenen Hochlandexpeditionen, die zwei Wochen dauern können und von Packpferden und frei mitlaufenden Herden begleitet werden. Als gefragte Exportartikel bringen sie frischen Wind in die kränkelnde Landwirtschaft: 1995 wurden fast 3000 Reitpferde vorwiegend ins übrige Europa exportiert. Dort leben inzwischen mehr als 35 000 Islandpferde; in Island selbst sind es über 70 000.

Ausgesprochene Zuchtgebiete liegen im Inselnorden im Skagafjörður mit dem Staatsgestüt Hólar und um den Fjord Eyjafjörður, sowie im Südosten bei Höfn und in Südisland allgemein.

Kennzeichen der Islandpferde: kleine Ohren, eine kräftige Mähne und dichtes Fell.

MUTIG WIE DIE WIKINGER: ISLANDPFERDE

Die relativ kleinen, aber zähen und geduldigen Islandpferde sind ideal an das Leben im rauhen Norden angepaßt. Sie werden heute noch reinrassig im Land gezüchtet und dienen als universell einsetzbare beliebte Nutz- und Freizeitpferde.

Im Tal Víðidalur am Stadtrand von Reykjavík befindet sich ein komplettes Stalldorf, in dem im Winter Hunderte von Pferden stehen.

Islandpferde leben meist im freien Herdenverband, und im Sommer grasen die Stuten mit ihren Fohlen wie zur Landnahmezeit bis zum herbstlichen Pferdeabtrieb im unbewohnten Hochland. Im Winter wächst ihnen ein dichtes, langhaariges Fell.

Der Hauptvorzug des mit den Wikingern eingewanderten und seitdem nahezu reinrassig gezüchteten Islandpferdes sind seine fünf Gangarten: Neben Schritt, Trab und Galopp beherrscht es den rasanten Rennpaß sowie den bequem und weich zu sitzenden Viertakt-Gang *Tölt*, dem Islandpferde ihren Ruhm verdanken. Unter dem Sattel reagieren sie auf Gewichts- und Zügelhilfen sowie auf die antreibenden Hacken des Reiters, weshalb, wer klassisch – oder auch ängstlich! – die Beine an den Pferdebauch legt, sein Reittier ungewollt antreibt. Hier ist also Vorsicht geboten.

Die Islandpferde-Freunde aus ganz Europa treffen sich gern zu Turnieren. Das glanzvollste und größte seiner Art mit über zehntausend Besuchern heißt *Landsmót* und findet in Island statt, ab 1997 im Zwei-Jahres-Turnus. Hier werden die Beherrschung der Gangarten und die herausragenden Ergebnisse von Zuchtarbeit und Dressur präsentiert, wobei die Fünfgang-Prüfung die wichtigste und beeindruckendste Disziplin bildet.

Oben und unten: Ausritt auf Snæfellsnes. Auch Anfänger kommen mit den Ponys gut zurecht.

Darüber hinaus werden abwechselnd in den Mitgliedsstaaten des Dachverbandes der Islandpferde-Landesverbände, der FEIF (Föderation Europäischer Islandpferde-Freunde), die Weltmeisterschaften des Islandpferdes ausgetragen.

Bei aller antrainierten Turniereleganz sind Islandpferde jedoch bis heute wahre «Naturburschen» geblieben.

Gudrun M. H. Kloes

sität und der Aufbewahrungsstätte von Islands berühmtesten historischen Handschriften, Árnagarður (siehe Seite 77), sowie zahlreichen Galerien. Im Jahr 2000 wird die Stadt zusammen mit acht weiteren Städten «Kulturhauptstadt Europas» sein. Als Biennale findet im Juni ein internationales Kunstfestival statt. Der Fischereihafen im alten Stadtteil ist jeweils am ersten Junisonntag Zentrum des «Seemannstags», im Juli findet das jährliche Hafenfest mit Bootsfahrten und Fischmarkt statt. Ehe die Reykjavíker sich zum Weihnachtsfest mit der Familie zurückziehen, treffen sie sich am 23. Dezember bis in den späten Abend in der Altstadt: Vor allem Buchläden und Cafés

1

sind Drehscheibe des Geschehens. Am Silvesterabend erleuchten riesige Freudenfeuer, sogenannte Elfenfeuer, die Küste, und das neue Jahr wird mit prachtvollem Feuerwerk begrüßt.
Bunte, wellblechverkleidete Holzhäuser prägen zu beiden Seiten des Sees *Tjörnin* – auf dem man im Winter Schlittschuhlaufen kann – die Altstadt. Das moderne *Rathaus* am See, das einen Steinwurf entfernte *Parlamentsgebäude* aus dem Jahr 1881 sowie die bescheiden wirkende, 1796 geweihte *Domkirche* bilden zusammen mit dem *Amtssitz des Präsidenten*, von 1765 bis 1770 zunächst als Gefängnis konzipiert, und dem ehrwürdigen *Gymnasium* von 1846 den Altstadtkern. Zwei belebte Geschäftsstraßen, *Laugavegur* und *Skólavörðustígur*, führen vom Zentrum nach Osten; hier kann man Mode, Kunsthandwerk und Delikatessen erstehen und in Restaurants, Kneipen und Cafés einkehren. Hundert Skulpturen zieren das Stadtbild, darunter ein Denkmal für den Entdecker Amerikas, den Wikinger *Leifur Eiríksson*, das vor der *Hallgrímskirche* steht, dem Wahrzeichen Reykjavíks. Sie beherbergt die größte Or-

2
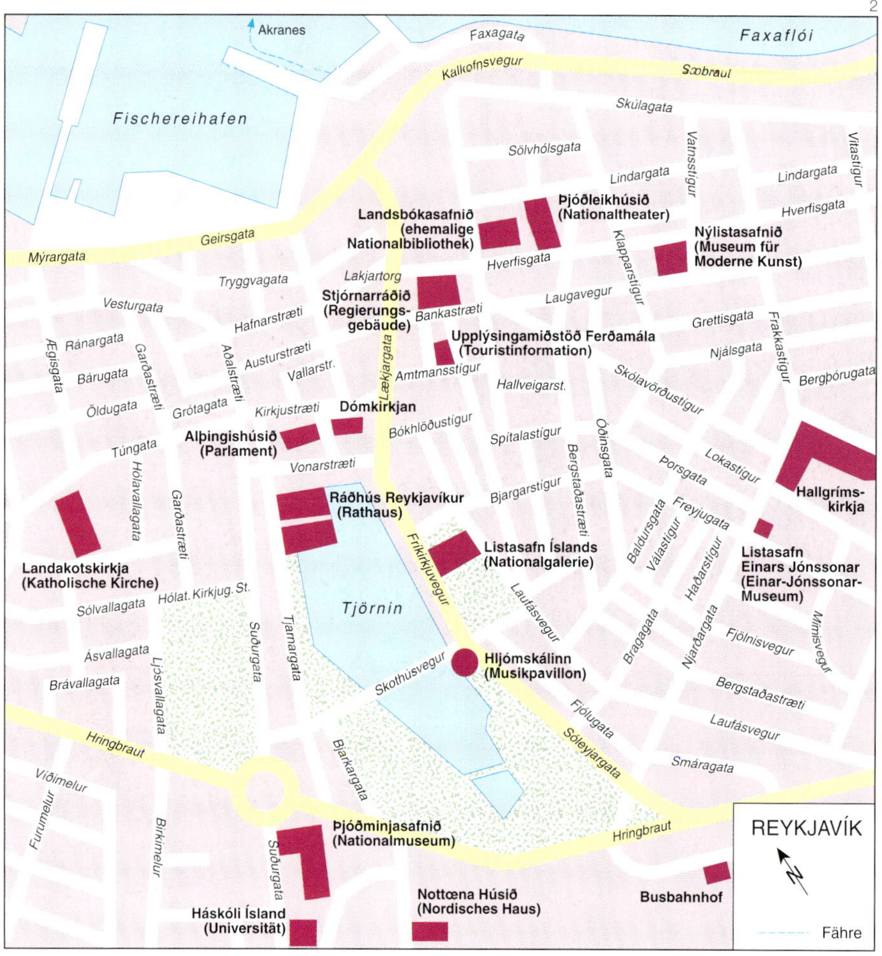

4

3

gel Islands, ist eines der isländischen Zentren der Kirchenmusik, und von ihrem Turm bietet sich ein phantastischer Rundblick. Am östlichen Stadtrand nahe des Lachsflusses Elliðará liegt das Freilichtmuseum *Árbær*, das mit originalen Häusern aus Reykjavík und Umgebung einen Einblick in historische Bau- und Lebenstradition gibt.
Die dem Hafen vorgelagerte Insel *Viðey* mit dem ältesten Steinhaus Reykjavíks aus dem Jahr 1755 beherbergte ab 1226 ein Kloster, das 1539 gewaltsam aufgelöst wurde; heute lädt sie zu Wanderungen zwischen den Basaltsäulen des amerikani-

Reykjavík.

1 Ein idyllisches Gärtchen mitten in der Stadt.

2 Am Plan der Altstadt läßt sich ablesen, daß die Besiedlung Reykjavíks von dem Gebiet zwischen See und Meer ausging.

3 Auf den gewaltigen Heißwassertanks thront eine Glaskuppel, in der sich ein renommiertes Restaurant und ein Bistro befinden.

4 *Östlich von Skaftafell. Die Gletscherzunge des Vatnajökull hat nach ihrem Rückzug eine glattgeschliffene Hügellandschaft hinterlassen.*

5 *Im Zentrum von Reykjavík.*

6 *Am Hafen von Stykkishólmur wird ein reicher Fang von Seeigeln verladen.*

WELTLITERATUR AUF PERGAMENT

Die 1972 gegründete, nach dem isländischen Gelehrten Árni Magnússon (1663–1730) benannte und der Universität Reykjavík angegliederte Handschriftensammlung Árnagarður bewahrt Islands historischen Schatz: die *Konungsbók eddukvæða* (erste Hälfte des 13. Jahrhunderts), die *Flateyjarbók* von etwa 1380, mehrere Ausgaben des Kodex *Jónsbók*, einige Sagas sowie viele andere, meist reich illustrierte Kostbarkeiten, die in Klöstern oder auf reichen Höfen entstanden. Árni Magnússon sammelte sie systematisch und verfrachtete sie nach Kopenhagen, wo einige dem großen Stadtbrand 1728 zum Opfer fielen. Die geretteten Exemplare werden nach einem dänisch-isländischen Abkommen seit 1971 sukzessive an Island zurückgegeben – ein wichtiger Meilenstein für die geschichtsbewußte Nation.

Reykjavík, Suðurgata; geöffnet vom 1. 9.–30. 5. auf Anfrage, Tel. 5 25 40 10; vom 1. 6.–31. 8. Di, Do, Sa 14–16 Uhr.

schen Landschaftskünstlers Richard Serra ein. Das Kirchlein dort muß nach altem Glauben stets unverschlossen sein – das soll die ausfahrenden Boote vor Schiffbruch schützen. *15ff., 53, 58, 67, 76, 77, 82/83*

SEYÐISFJÖRÐUR ⑯. In diesem ostisländischen Städtchen mit etwa 860 Einwohnern kommt während der Sommermonate die Autofähre »Norröna« von Dänemark und den Färöer-Inseln an. Der einst wichtige Heringsfangort lebt heute von der Fischerei und weist um den Hafen noch viele hübsche alte Holzhäuser auf. Hier wurde 1906 die erste Fernsprechstation Islands eingerichtet und bis nach Reykjavík verlegt. Von Seyðisfjörður nach *Egilsstaðir*, das in einem Waldgebiet am gemächlich dahinfließenden Lagarfljót mit seinem (scheuen) Ungeheuer liegt, sind es 27 Kilometer. In diesem Verkehrs- und Wirtschaftszentrum Ostislands agiert jeden Sommer die Freilichtbühne »Hier im Osten« mit Volkstanz, Liedern, Theater und vielem mehr.

SKAFTAFELL ⑰. Der Nationalpark mit Campingplatz und Restaurant am Südrand des enormen Gletschers Vatnajökull ist idealer Ausgangspunkt für Wanderungen jeden Schwierigkeitsgrades, bis hin zur Besteigung von Islands höchstem Gipfel *Hvannadalshnúkur* (2119 m) unter Anleitung ortskundiger Bergführer. Bequemer geht es per Schneemobil ab Skálafellsjökull, wobei manchmal ein Meeresfrüchte-Büffet auf dem ewigen Eis dazugehört. Bei einer Bootsfahrt auf dem Gletschersee *Jökulsárlón* mit den vorbeitreibenden Eisbergen fühlt man sich nach Grönland versetzt. *37ff., 76/77*

STYKKISHÓLMUR ⑱. Der wunderschön an der Felsenküste der Halbinsel Snæfellsnes gelegene Ort (1270 Einwohner) besitzt ein auf einem Hügel gelegenes Franziskanerinnenkloster, von dem aus sich hübsche historische Häuser den Abhang bis zum Hafen hinunterziehen. Hier starten zahlreiche interessante Bootstouren in die Inselwelt der Bucht *Breiðafjörður* mit ihren großen Vogelkolonien und auf die vorgelagerte Insel *Flatey*. Hier wurde die in Viðidalstunga entstandene berühmte Handschrift »Flateyjarbók« wiederentdeckt. Die bescheidenen Kirchenruinen auf dem vier Kilometer von Stykkishólmur entfernt liegenden Hügel *Helgafell* (heiliger Berg; der Name stammt aus vorchristlicher Zeit) kann man heute noch besichtigen; der Sage nach hat, wer den Hügel schweigend besteigt und sich dabei nicht umsieht, drei gute Wünsche frei. *68, 77*

VATNSNES ⑲. Die Halbinsel nördlich des kleinen Ortes Hvammstangi gehört zu den vielen verborgenen Schätzen Islands. Die abwechslungsreiche Küste eröffnet traumhafte Ausblicke in die Westfjorde. An der Spitze der Halbinsel bei dem ehemaligen Hof *Hindisvík* entdeckt man nach kurzem Fußweg die bekannteste Seehundkolonie Nordislands. Wer wen betrachtet – die Seehunde die Menschen oder umgekehrt – ist eine oft gestellte Frage. Küstenseeschwalben, Dreizehenmöwen und Eissturmvögel umschwirren das Wahrzeichen der Gegend, den Felsen *Hvítserkur* im Meer an der Ostseite von Vatnsnes. Weiter landeinwärts liegt auf einer Bergkuppe *Borgarvirki*, die einzige Festungsanlage Islands mit Ursprüngen aus der Sagazeit. Von dort bietet sich an guten Tagen eine schier grenzenlose Aussicht. Auf dem rund 30 Kilometer langen Weg nach *Blönduós* durchquert man die vielen kleinen Hügel *Vatnsdalshólar;* ein Abstecher in die eigenwillige Landschaft lohnt sich. Kurz vorher kommt man noch an dem großen Hof *Þingeyrar* vorbei, wo im Mittelalter das erste Kloster des Landes stand – seinerzeit wichtiges geistiges und kulturelles Zentrum.

5

6

VESTMANNAEYJAR/WESTMÄNNER-INSELN ⑳. Die Inselgruppe vor der Südküste zählt 15 Inseln und Felsen und hat ihren Namen von irischen Sklaven, den «Westmännern», die sich dort sicher vor der Verfolgung durch Ingólfur Arnarson, dem ersten Besiedler Islands, glaubten. Ausgrabungen setzen die erste Besiedlung von Heimaey früher als die Landnahme Islands an, die 874 n. Chr. begann. Als sicher erwiesen sich die Inseln nur bedingt: 1627 landeten Seeräuber aus dem heutigen Algerien auf *Heimaey*, entführten 272 Bewohner und verkauften sie in die Sklaverei. Bereits im 15. Jahrhundert hatten Engländer *Skansinn*, einen Verteidigungswall, anlegen lassen, der nach dem sogenannten «Türkenüberfall» ausgebaut wurde und heute noch zu sehen ist.

Von 1963 bis 1967 entstand die Insel *Surtsey* als südlichste Landmarke des Archipels während eines submarinen Vulkanausbruchs. Am 23. Januar 1973 brach auf der einzigen bewohnten Westmänner-Insel Heimaey, ganz in der Nähe der Stadt, ein neuer Vulkan aus. Zum Glück lag zufällig die gesamte Fischereiflotte im Hafen, so daß alle 5300 Einwohner evakuiert werden konnten. Später sicherte man, soweit möglich, mobile und immobile Güter, nicht zuletzt Hafenanlagen und die Fischfabriken. Um den Hafen vor den anrückenden Lavaströmen zu retten, pumpte man mit dem Ziel, sie aufzuhalten, unentwegt Millionen von Litern Meereswasser dagegen – es half! Als der Ausbruch am 3. Juli 1974 für beendet erklärt wurde, waren zahlreiche Häuser unter der Lava verschwunden. Die Insel hatte sich um 2,1 Quadratkilometer vergrößert, ein neuer Berg, *Eldfell*, erhob sich 221 Meter hoch, und die heiße Lava wirkt nun als Fernheizwerk für die von der Asche befreiten und die neu errichteten Gebäude: Sie wärmt Kaltwasser in Rohren auf. Heute leben wieder knapp fünftausend Menschen auf Heimaey. Vom Hafen aus kann man die vorgelagerten Vogelinseln besuchen. Das Symbol der Westmänner-Inseln, der Papageitaucher, ist übrigens auch Spezialität der örtlichen Restaurants. *48/49, 72*

ÞINGVELLIR ㉑. Der pittoreske historische Ort gehört zu den klassischen Sehenswürdigkeiten des Landes und ist untrennbar mit der isländischen Unabhängigkeit verknüpft. Þingvellir (Thingfelder) ist neben der politischen Bedeutung zudem von geologischem Interesse. Die Ebene wird von Erdspalten, die von Südwest nach Nordost verlaufen, durchzogen, besteht weitgehend aus Lava und ist von einer abwechslungsreichen Bergkulisse umgeben; darunter befindet sich der wegen seiner sehr flachen Form so genannte Schildvulkan Skjaldbreiður im Norden, der vor neuntausend Jahren erloschen ist. Die gesamte Ebene wurde als Nationalpark ausgewiesen. Im Süden begrenzt sie *Þingvallavatn*, der mit 83,7 Quadratkilometern größte See Islands. Darin liegen als Inseln einige vor etwa zweitausend Jahren erloschene Vulkane. Lachsforellen aus dem See gibt es übrigens im *Hotel Valhöll!* Die Schlucht *Almannagjá*, westliche Grenze der Hochebene, ist der Ursprungsort des 930 n. Chr. gegründeten

Freistaates Island, dessen gesetzgebende Versammlung sich hier regelmäßig traf. *Lögberg*, der Gesetzesberg, ist heute durch eine Fahnenstange gekennzeichnet. Hier verkündete der Gesetzessprecher jährlich das mündlich überlieferte Recht auswendig, ehe es 1117 n. Chr. schriftlich fixiert wurde. Außerdem wurden andere Mitteilungen an die versammelten Inselbewohner bekanntgegeben, wie im Jahr 1000 der allgemeine Übertritt zum Christentum. Die erste Kirche in Þingvellir wurde schon 1020 errichtet. Von ihr ist jedoch, wie von ihren zahlreichen Nachfolgerinnen, nichts geblieben. Heute steht hier eine Kirche von 1860. Am Ende der Schlucht, wo der Fluß Öxará (Axtfluß) vor der Brücke einen Tümpel bildet, wurden Urteile vollzogen: Während zur Frühzeit Verbannung und Gesetzlosigkeit die härtesten Strafen waren, fanden von 1564 bis 1838, der Epoche des «Großen Gerichts», auch Hinrichtungen statt. Frauen wurden im Tümpel ertränkt, Männer gehängt oder geköpft. 1798 trat die Volksversammlung letztmals in Þingvellir zusammen.

Links: Im Tal von Þórsmörk. Die zahlreichen Flüsse und Bäche, die das Tal durchziehen, werden von den umliegenden Gletschern gespeist.

Oben: Vom Aussichtshügel Valahnúkur fällt der Blick auf die gewundenen Wasserarme der Krossá und die Eiszungen des Mýrdalsjökull.

Die Unabhängige Republik Island wurde am 17. Juni 1944 ebenfalls an diesem ehrwürdigen Ort ausgerufen. Þingvellir ist ein Ort großer Würde, dem seine ernste, nicht aber seine traurige Vergangenheit anhaftet. *48, 60/61, 71*

ÞÓRSMÖRK ㉒. Siehe Seite 70. *2/3, 78/79*

AUSFLÜGE

ASKJA ㉓ (ab Mývatn). Die 50 Quadratkilometer große *Caldera*, ein riesiger Vulkankrater von acht Kilometer Durchmesser, liegt etwa 1100 Meter über dem Meer im Zentralhochland. Sie wird fast gänzlich von rauher Lava umschlossen und ist mit tiefblauem eiskaltem Wasser gefüllt – Islands mit 220 Meter tiefster See, *Öskjuvatn*. Zum Baden eignet sich das Wasser im 1875 entstandenen, nördlich der Askja gelegenen Explosionskrater *Víti* (Hölle). Das geheimnisumwobene Askja-Gebiet blieb bis ins letzte Jahrhundert nahezu unerforscht, nicht zuletzt, weil man sich vor Dieben und Gesetzlosen fürchtete, die sich im Hochland aufhielten. Ins Askja-Gebiet führen begleitete zweitägige Touren mit Hüttenübernachtung nur in den Monaten Juli und August. Man erreicht die Region mit einem gut ausgerüsteten Jeep und viel Geduld über die Pisten F 28 von Süden und F 88 von Norden. *42, 43*

GRÖNLAND ㉔ (ab Reykjavík oder Keflavík). Neben ein- oder zweitägigen Flugreisen nach Kulusuk gibt es auch mehrtägige Reisen nach Ammassalik (beide an der Ostküste) ab Reykjavík, bzw. nach Narsarsuaq an der Südwestküste ab Keflavík mit isländischen Fluggesellschaften. Die grönländische Gesellschaft Grönlandsfly fliegt unter anderem die Hauptstadt Nuuk im Westen an, von wo es Hubschrauber-Anschlußflüge zu weiteren Orten gibt. Ab Keflavík fliegt Grönlandsfly auch nach Ostgrönland (Constable Pynt) in der Nähe von Scoresbysund am 70. Grad nördlicher Breite. Geführte Tagesprogramme in Grönland wie Bootsfahrten zwischen Eisbergen oder Hundeschlittenfahrten sind ebenso möglich wie Unternehmungen auf eigene Faust.

GULLFOSS ㉕ (ab Reykjavík). Dieser in eine Basaltschlucht stürzende zweistufige 32 Meter hohe Wasserfall im Gletscherfluß Hvítá gilt als schönster Wasserfall Islands. Zu Anfang des 20. Jahrhunderts wollte ihn eine ausländische Firma aufkaufen, um diese enorme natürliche Energiequelle zur Stromgewinnung zu nutzen. Durch beherztes Eingreifen der Bauern-

HEISS BADEN UNTER GLETSCHERN

Islands Thermalquellen

An keinem anderen Ort der Erde kann man sich in so vielen natürlich erwärmten Freibadebecken vergnügen wie in Island – und das mit meist traumhafter Aussicht!

Die für Bewohner und Besucher Islands genußvollste Erscheinung der unberechenbaren Landesnatur ist das heiße Wasser. Wo Thermalquellen austreten, muß man ein Badebecken, meist als Freibad, nicht lange suchen. Aus dem 13. Jahrhundert stammt das wohl älteste Warmfreibad Islands, das steingefaßte, kreisrunde Becken des Historikers Snorri Sturluson bei Reykholt in Borgarfjörður; es ist, ebenso wie der unterirdische Gang zum ehemaligen Wohnhaus, als Teil des Snorri-Museums zu besichtigen. Das vielleicht modernste Freibad liegt im Reykjavíker Stadtteil Árbær. Großer Bekanntheit erfreut sich die Blaue Lagune (siehe Seite 71), doch haben natürliche Becken im Hochland wie in Hveravellir an der Piste Kjölur, der warme Bach in Landmannalaugar, der Vulkankrater Víti im Askja-Gebiet im Landesinneren (siehe Seite 79) einen schaurig-schönen Charme, an den nur die kleinen, einen Steinwurf von der Nordatlantik-Brandung entfernten Schwimmbäder der abgelegenen Regionen Strandir und Westfjorde im Nordwesten herankommen.

Zwei besonders schöne Bäder, die leicht zugänglich sind, liegen in Seljavellir in Südisland an der Straße 242 – hier badet man mit beeindruckendem Bergpanorama am Fuß des Gletschers Eyjafjallajökull – und in Laugarvatn an der Straße 37, wo sich die Isländer nach Annahme des Christentums im Jahr 1000 mit warmem Wasser taufen ließen. Diesen Ort passiert man auf dem Weg zum Großen Geysir; natürlicher Schwefeldampf erwärmt den See und das Hallenbad.

Im nördlichsten Schwimmbad Islands baden übrigens die etwa hundert Einwohner der Insel Grímsey, die genau auf dem Polarkreis liegt!

Überall wo sanitäre Anlagen vorhanden sind, ist es übrigens Vorschrift, sich vor dem Bad nackt zu waschen – im freizügigen Island wird da keine Prüderie geduldet!

Gudrun M. H. Kloes

Im heißen Bach von Landmannalaugar.

tochter Sigriður Tómasdóttir – so heißt es – blieb der Gullfoss jedoch in seiner Ursprünglichkeit erhalten. Im Rasthaus *Sigriðarstofa* oberhalb des Katarakts findet man entsprechende Informationen in Deutsch. Den Gullfoss kann man ganzjährig als geführte Tages-Bustour ab Reykjavík besichtigen. Mit dem PKW ist der Gullfoss fast durchgehend auf asphaltierten Straßen zu erreichen.

HAUKADALUR, GEYSIR ㉖ (ab Reykjavík). Auf drei Quadratkilometern verteilen sich die vielfältigsten Solfataren und Fumarolen – heiße Schlammlöcher mit Schwefel- oder Wasserdampf, Heißwasserquellen und Geysire, darunter als bekanntester der *Große Geysir*, von dem alle heißen Springquellen weltweit ihren Namen haben. Nachdem dieser 1915 seine Aktivität einstellte, wurde er gelegentlich mit Seife manipuliert und sprang dann bis zu 80 Meter hoch. Der benachbarte Geysir *Strokkur* (Butterfaß) schleudert sein Wasser etwa alle fünf bis zehn Minuten bis zu 35 Meter hoch. Die Aktivität des gesamten Hochthermalgebietes ist von der übrigen Erdtätigkeit, vor allem von Erdbeben, abhängig, so daß möglicherweise auch neue Springquellen entstehen können.

Das Landschaftsschutzgebiet ist mit dem PKW über weitestgehend asphaltierte Straßen problemlos zu erreichen. Die Tour wird täglich auch als geführter Tages-Busausflug ganzjährig ab Reykjavík durchgeführt. *6/7, 48, 51, 59*

JÖKULSÁRGLJÚFUR, ÁSBYRGI ㉗ (ab Mývatn oder Húsavík). Dieser Tagesausflug führt zu Islands – und, gemessen an der durchschnittlichen Wassermenge von 193 Kubikmetern pro Sekunde, auch Europas – mächtigstem Wasserfall *Dettifoss* mit einer Fallhöhe von 44 Metern. Er ist Teil des Nationalparks Jökulsárgljúfur (Gletscherfluß-Schlucht), der an weiteren Attraktionen malerische Basaltsäulen und bizarre Felsformationen wie die *Hljóðaklettar* (Echofelsen) vorweisen kann. Ásbyrgi ist ein hufeisenförmiges Tal, begrenzt von etwa hundert Meter hohen senkrechten Steilfelsen, was gerne als Hufabdruck des mythologischen achtbeinigen Pferdes Sleipnir gedeutet wird. Tatsächlich handelt es sich um ein altes Flußbett, in dem heute riesige Kolonien von Vögeln nisten. Mit dem PKW ist Ásbyrgi bequem zu erreichen. Den Dettifoss dagegen fährt man westlich des Gletscherflusses Jökulsá á Fjöllum über die Jeep-Piste F 862 an oder östlich auf der Straße 864. Zum Wasserfall Dettifoss, den Echofelsen und nach Ásbyrgi gibt es auch geführte Tagestouren. *36, 40*

KVERKFJÖLL ㉘ (ab Mývatn). Dieses Bergmassiv am Nordrand des Vatnajökull ragt bis zu 1920 Meter auf. Hier befinden sich ein Hochtemperaturgebiet, daneben eine steile Gletscherzunge und schroffe Felsen und, weiter westlich, die kräftigste heiße Schwefelquelle (Solfatare) Islands, die den Namen eines Saga-Geistes trägt: *Glámur*. Auf einer Fläche von etwa zehn Quadratkilometern dampft es dort in der Höhe überall, der Boden schillert in den herrlichsten Farben. Am Fuß der Kverkfjöll fließt unter dem Eis ein warmer Bach, der eine begehbare Eishöhle in den Gletscher geschmolzen hat. Hin und wieder kommt es dort zu den berüchtigten Gletscherläufen (siehe Seite 36), wenn die vulkanische Aktivität unter dem Eis zunimmt und die Schmelzwasser als reißende Fluten hervorschießen – Feuer und Eis liegen hier wie so häufig in Island nah beieinander. Der Besuch des Kverkfjöll-Massivs wird als Drei-Tages-Tour mit Hüttenübernachtung in den Monaten Juli und August angeboten.

Islands gewaltigster Wasserfall: der Dettifoss im Norden der Insel. Umhüllt von einer riesigen Gischtwolke stürzen die Wassermassen 44 Meter in die Tiefe.

Mit ihrem ständigen »Sprühregen« sorgen die Wasserfälle für üppigen Bewuchs an den steilen Felsen.

Bunt präsentiert sich die Dachlandschaft im historischen Kern der »ländlichen Hauptstadt« Reykjavík.

Das milde Abendlicht taucht die Solfatarenfelder auf dem Námafjall östlich des Mývatn in warme bräunliche Farben.

In vielarmigen Mäandern windet sich der Gletscherfluß Tungnaá durch die Täler des isländischen Hochlands.

ZUR SCHNELLEN ORIENTIERUNG – STICHWORTVERZEICHNIS

Kursive Seitenzahlen verweisen auf Abbildungen.

Adalsteinsson, Stefan 58
Akureyri *44*, 71, *71*
Aldeyarfoss *41*
Almannagja 78
Ari der Gelehrte 23
Arnarson, Ingólfur 27, 30, 57, 66, 75, 78
Ásbyrgi 80
Askja *42*, *43*, 51, 79

Bevölkerung 63, *67*
Blaue Lagune *20/21*, 41, 71, 79
Bolungarvík *56*
Bremen, Adam von 58
Búðir *54*, 72

Clairvaux, Herbert von 48

Dalvík 72
Dankbrad (Missionar) 44
Dettifoss 80, *80*
Dyngjufjöll 51

Egilsstaðir 77
Eiríksson, Leifur 30, 58, *58*, 66, 76
Eldgjá 48
Energiegewinnung 69

Beim Schafabtrieb in Skandarskali.

Erik der Rote 27, 58
Eyrarbakki 72

Fabricius, David 48
Finnbogadóttir, Vígdis 18, *18*, 66, 67
Fischfang 35, 41
Flateybuch 30, *66*, 77

Geographie 62
Geschichte 66 f.
Geysir (Großer) *6/7*, 42, 62, 79, 80
Gigjökull *8/9*
Gjögur 72
Gletscherwelt 36, *37*, *38/39*, *50*
Goðafoss *46/47*
Goden 27, 66, 78

Auf der Hochland-Weide.

Grímsey 48, 62, 72, 79
Grönland 79
Gullfoss 41, 79 f.
Gunnarsson, S. 51

Hafnarfjörður 53, 72
Harald, König von Norwegen 27, *66*
Haukadalur 80
Heimaey 16 f., 54, 57, *72*, 78
Hekla 42, 48, *49*, 62
Herðubreið *4/5*, *43*, 48, 51, 74
Herjolfsson, Bjarni 58
Hermannsdóttir, Margrét 57
Heyerdahl, Thor 58
Hjörleifur 57
Höfn *37*, 51
Hornstrandir 70, 74
Húsavík *45*
Húsey 68
Hvalfjörður *66*
Hvannadalshnúkur 51, 62, 77
Hveravellir *52*, *53*, *71*
Hvítá *27*, 41, 69

Ísafjörður 74, *74*
Isländerbuch 23, 27, 58
Islandpferde *34*, *35*, 73, *73*

Jökulsárgljúfur *36*, *40*, 80
Jökulsárlón *38/39*

Kabeljaukriege 35, 66
Kap Dyrhólaey *32/33*
Klima 68
Krafla-Gebiet 42, 43, 44, *48*, 75, *75*
Krísuvík *22*
Küche 68
Kverkfjöll 80

Laki 48
Landmannalaugar *12/13*, *24/25*, *26*, *29*, *62*, 74, *74*, *79*
Landnahmebuch 23, 27, 57
Látrabjarg 74
Laxness, Halldór 17, 35, 71

Magnússon, Árni 29, 77
Melanchthon, Philipp 48
Mývatn (Mückensee) 43, 44, 65, *70*, 75, *75*

Naddoður (Wikinger) 23
Námafjall *84/85*
Námaskarð 43, *50*
Namenskunde 67
Normannen 27

Ódáðahraun *43*, 44, 74
Oddsson, David 35
Odin (Gott) 27, 28

Peucer, Karl 48
Pflanzenwelt *37*, *43*, 65, *65*

Solfataren 43, *50*, 75, 80, *84/85*
Sport *23*, 69, *69*
Sprache 65, 66
Strokkur (Geysir) 43, *51*, *59*, 80
Sturluson, Snorri 23, 66, 79
Stykkishólmur *68*, 77, *77*
Surtsey 14, 48, *48*, 54, 65, 78
Svavarsson, Garðar 23, 44

Thermalquellen *22*, 79
Tierwelt *10/11*, *34*, *35*, *55*, *64*, 65, 73, 77
Tómasdóttir, Sigriður 41, 79
Tungnaá *86*

Vatnajökull 36, 51, 74, *76*, 77
Veiðivötn *26*

Der historische Pfarrhof Glaumbær, heute ein volkskundliches Museum.

Reykjanes 41, 71
Reykjavík *15 ff.*, 27, 29, 30, 67, *67*, 68, 75 f., *76*, *77*, 79, *82/83*
– Árbær *8*, 76
– Árnagarður 30, 76, 77
– Hallgrímskirche *19*, 30, 76
– Viðey 76
Rhyolithberge *24/25*, *50*
Rudloff, Max 51

Sagas 27, 28 f., 36, 41, 44, 51, 57, 58, 71
Sanderwüsten (Schotterwüsten) 17, *30*, 51, 54
Seyðisfjörður 77
Siglufjörður 35
Sintfluten 51
Skaftafell *40*, *76/77*, 77
Skaftafellsjökull *37*
Skarphédinsson, Magnús 52
Skjaldbreiður 48, 78
Skógafoss *31*
Snæfellsnes *54*, *55*, *68*, *72*, *73*

Vestmannaeyjar → Westmänner-Inseln
Vilgerðarson, Flóki 27, 36
Víti (Askja) *42*, 79
Víti (Krafla) 44, 75
Vulkanismus 14, 16 f., 23, 28, *41*, 42, *42*, 43, 44, 48 f., *48 f.*, 51, *51*, 54, 62, 78, 79, 80

Wandern 70 f., *70*
Wegener, Alfred 49, 73
Westmänner-Inseln 14, *48/49*, 54, 57, 72, 78
Wikinger 23, 27, 30, 58, 73
Wirtschaft 63
– Fischerei *14*, *28*, 65

Zauberwesen 52 f., *52*

Þingvellir *60/61*, *70*, 78 f.
Þorarensen, Bjarni 17
Þorfinnursson, Snorri 58
Þórsmörk *2/3*, *78*, *78/79*, 79

Hubert Stadler, geboren 1954. Seit 1989 regelmäßige Veröffentlichungen in Reisezeitschriften und Reiseführern. Bildautor zahlreicher Bände des Verlags C. J. Bucher. Lebt in Fürstenfeldbruck bei München.

Hans Joachim Kürtz, geboren 1933. Journalist, Buchautor, langjähriger Skandinavien-Korrespondent des ZDF. Mitautor des Bands Begegnung mit dem Horizont »Grönland« im Verlag C. J. Bucher. Lebt in Kiel.

Gudrun M. H. Kloes, geboren 1949, lebt als Übersetzerin, Journalistin und Reiseleiterin auf dem Reiterhof Brekkulækur in Island. Autorin zahlreicher Reportagen und Reiseführer über ihre Wahlheimat.

TEXTNACHWEIS

Hugo Kocher: Gryla, das Islandpony, in: Das große Buch der Pferdegeschichten. Menden im Sauerland o. J., Edition Aktuell: S. 1.

BILDNACHWEIS

Archiv für Kunst und Geschichte, Berlin: S. 58 r., 66.
dpa Bildarchiv, Frankfurt: S. 18 o., 48 r.M., 49 (2).
Roland E. Jung, Bad Sassendorf: S. 48 r.u.
Keystone Pressedienst, Hamburg: S. 18 l.
Achim Kostrzewa, Brühl: S. 64 o. und u.
Hans Joachim Kürtz, Heikendorf: S. 18 r.u., 22, 48 l. und r.o., 51, 52 M. (2), 53 o., 58 l., 60/61, 63, 66/67, 68 (2), 73 l.
Raimund Pinter, Merzig: S. 67 (2).
Horst Schmeck: Köln: S. 69 u.
Walter Sommerhalder, Littau/CH: S. 8, 72 r.

Alle übrigen Abbildungen stammen von Hubert Stadler, Fürstenfeldbruck.

Die Karten auf den Seiten 62, 63, 74, 75 und 76 zeichnete Astrid Fischer-Leitl, München.

Alle Angaben dieses Bandes wurden von den Autoren sorgfältig recherchiert und vom Verlag auf Stimmigkeit und Aktualität geprüft. Allerdings kann keine Haftung für die Richtigkeit der Informationen übernommen werden. Für Hinweise und Anregungen sind wir jederzeit dankbar. Zuschriften bitte an den Verlag C. J. Bucher, Lektorat, Goethestraße 43, 80336 München.

Wir danken allen Rechteinhabern und Verlagen für die Erlaubnis zu Nachdruck und Abbildung. Trotz intensiver Bemühungen war es nicht möglich, alle Rechteinhaber zu ermitteln. Wir bitten diese, sich an den Verlag zu wenden.

BEGEGNUNG MIT DEM HORIZONT · ISLAND

Konzeption: Axel Schenck
Lektorat: Doris Steinbacher, Susanne Kronester
Bildgestaltung: Joachim Hellmuth
Bilddokumentation: Ulrich Reißer
Graphische Gestaltung: Martina Lingler
Herstellung: Kristina Kaiser, Angelika Kerscher

Technische Produktion: Fotosatz Ressemann, Hochstadt; Layout und Grafik 1000 GmbH, München; Westermann Druck Zwickau

Printed and bound in Germany
ISBN 3 7658 1105 X